otonano
ensoku
book+

はじめての
山歩き

足元の小さな輝きに

季節のめぐりを感じる

上高地

霧ヶ峰

高い空を見上げて

風のそよぎ、葉ずれの音に

耳を澄ませる

北八ヶ岳

3

共に歩いた人の笑顔と

一緒に刻まれた山の記憶は、

あなたの日々を

きっと豊かにしてくれます

丹沢・塔ノ岳

高尾山

山の懐へ
一歩ずつ

北アルプス・燕岳

CONTENTS

1章 ……… 009
山歩きのキホン

2章 ……… 029
山歩きのプランニング

3章 ……… 047
山ウェア

1 _章

山歩きのキホン

山歩きをはじめるにあたって必要な
基本のキを紹介します

季節ごとの山の選び方

日本の山は四季ごとの楽しみを与えてくれます。
エリアと山を選べば、いつでも山登りをはじめられます。

▲▲▲　▼　▲▲▲　▼　▲▲▲　▼　▲▲▲　▼　▲▲▲　▼　▲▲▲　▼　▲▲▲　▼　▲▲▲

いつでも山ははじめられる

　日本の四季は、うつくしいうつろいを見せ、それぞれの季節に山の楽しみがあります。日本列島は南北に長く、地域によって季節の進みは異なり、また、太平洋側と日本海側でも違いがあります。たとえば冬の山。北海道や東北、北陸の山々や日本アルプスのような高峰には雪が積もります。しかし、関東や太平洋側、関西・中国・四国・九州の低山であれば雪が積もることは稀です。地域や山を選べば、季節を問わず山登りをはじめられます。

Point

- [✓] それぞれの山に季節ごとの楽しみがある
- [✓] 春と秋は雪の心配のない山を
- [✓] 春と秋は日暮れが早い。行動時間に注意
- [✓] 夏は標高の高い山を選ぶ

春 低山でお花見＆新緑ハイキング

　山の春は街よりひと足遅くやってくるとイメージしてください。都市近郊の標高1000m以下の低山では、2月〜4月、ウメやサクラを愛でながら、その後4月下旬から5月は、うつくしい新緑が楽しめます。積雪の多い地域は、GW明けまで登山道に雪が残っている山も多くあります。日本アルプスをはじめ標高の高い山は積雪があるため、春は真冬と同じ装備と技術が必要です。初心者は入山できないと知っておきましょう。はじめての山登りには、雪が確実に解けている時期がよいですね。

左/長野県安曇野市の光城山（ひかるじょうやま/912m）では、北アルプスの絶景を望む花見ハイキングが楽しめる。桜の見ごろは4月中旬〜
右/神奈川県秦野市の弘法山（こうぼうやま／235m）は4月下旬〜5月、雑木の新緑がうつくしい

夏 標高の高い山で 爽快感を味わおう

　盛夏は低山よりも、おおよそ標高1000m以上の高い山のほうが、気温も湿度も低く熱中症のリスクを軽減できます。山の上部までバスやロープウェイ、ゴンドラなどでアクセスできる山は、登り始めから山頂までの標高差を少なくすることができ、初心者にも登りやすいでしょう。ただし、高山帯の気候になりますので、装備などにも注意が必要です（▶P27）。

バスやマイカー、リフトで標高約1800mまでアプローチできる長野県霧ヶ峰、車山（くるまやま/1925m）と車山湿原のハイキングは、初心者の夏山プランにおすすめ。高山の気象条件に合わせた装備はしっかりと

秋 降雪のおそれのない 低山で紅葉を楽しむ

　山の秋は、平地より早くやってきます。標高の高い山では、天気によって降雪のおそれがあります。はじめての山登りには、春と同様に標高1000m以下の低山がおすすめです。秋の山の注意点は、日が短くなることです。行動時間も短めに設定。天気が思わしくない日は、予定変更がよいでしょう。

東京都青梅市・御岳山（みたけさん/929m）。紅葉の見ごろは11月中～下旬。紅葉は、地域と標高によって大きく見ごろが変わる

冬 海沿いの山や 里山歩きがおすすめ

　雪国では低山でも積雪がありますが、太平洋側の沿岸部や里山では、冬こそ気持ちよく歩ける季節になります。夏は蒸し暑く登るのに向かない山でも、落葉樹は葉が落ち、陽だまりができ山が明るくなります。とはいえ山の上。風が吹くと一気に体感温度は下がりますので、防風、防寒対策は重要です。また、南斜面はあたたかくても、北斜面では登山道が凍結していることもあります。

神奈川県葉山町、仙元山（せんげんやま/118m）で海を望みながらのハイキング。標高は低くても展望が開け、歩き応えもしっかりの里山も身近に多くあるので、リサーチしてみよう

だれと、どこではじめる?

山登りのはじめ方はさまざま。ピンときた方法、好きなやり方、自分に合った無理のない方法で、はじめの一歩を踏み出してください。

はじめ方はさまざま。目的別に使い分けるのも◎

山に登りたいと思うきっかけは、いろいろなところにあります。自分のやりやすい方法ではじめるのがよいでしょう。自分の実力内の山は仲間と一緒に。技術を学んでしっかりとステップアップしたいなど、目的がはっきりしているときは山岳ガイドに依頼するなど、使い分けるのも一法です。

Point

- [ ] 初心者同士で行く際は、山選びが肝心（▶P30）
- [ ] サークル、登山教室などに参加する方法も

1 経験者の友人と行く

登山を趣味とする友人がいたら、相談してみましょう。いわゆるハウツーの教科書では伝えきれない山でのコツや楽しみを教えてくれるはずです。また、最初の一歩は絶対に経験者と一緒でなければならないというわけではありません。登る山とコース、プランニングによっては経験のない人者同士でも山登りははじめられます（▶P30）。未知の世界へ自分で踏み込んでいく楽しさも山登りの魅力のひとつです。

2 サークルやコミュニティに参加する

同じような趣向や経験をもった者同士が集まる登山サークルに参加するのもよいでしょう。ひとりでも入りやすく、仲間が見つかります。同好会のように、自分たちで運営していくサークルもあれば、主催者がメンバーを募集し、月額会費制のコミュニティもあります。山の計画以外に、街で集会があったりオンラインを使って勉強会があるなど活動内容は多彩です。問い合わせて、内容の詳細や雰囲気を見てみましょう。

3 旅行会社のツアーに参加する

　団体旅行の登山版のようなツアーがあります。観光とは異なり、登山の安全管理が必要です。そのため定員が少数だったり、経験を問われたりします。行き先ごとに体力や技術のグレードが示されているので、初心者OKのコースからはじめましょう。実績のある登山専門のツアーを催行している会社が安心です。登山専門の旅行会社には以下のようなところがあります。

▽　▽　▽　▽　▽　▽　▽　▽　▽　▽　▽

🔖 アルパインツアーサービス
http://www.alpine-tour.com

🔖 アルプスエンタープライズ
https://www.alps-enterprise.co.jp/

4 登山用具店・メーカー主催の登山教室に参加する

　登山用具店や登山用具メーカーが主催する登山教室に参加する方法もあります。

　机上講座や読図や気象など、多彩な内容のカリキュラムの机上講習や安全登山のための実技講習、登山ツアーなどが行われています。専門店が主催しているため、ツアーの内容や登る山、自分のレベルに合う登山用具のアドバイスが受けられるのが強みです。シリーズの登山教室に参加すれば、経験を積み、実力がつきます。新たな道具選びのヒントを得ることもできるでしょう。

▽　▽　▽　▽　▽　▽　▽　▽　▽　▽　▽

🔖 石井スポーツ 登山学校
https://www.ici-sports.com/climbingschool/

🔖 好日山荘 登山学校
https://www.kojitusanso.jp/school/

🔖 モンベル 山歩き講習会
https://event.montbell.jp/plan/?cid=20

5 山岳ガイドに依頼する

　日本には山岳ガイドの国家資格はありませんが、日本山岳ガイド協会が認定するガイドがいます。資格試験に合格し、一定期間ごとに更新講習を受けるなどガイドとしての技術や質が担保されています。同協会のウェブサイトには地域ごとに会員団体が掲載されています。個人で依頼したり、ガイドが公募する企画に参加する方法もあります。少人数であるぶん、中身の濃い経験ができるはずです。

信頼できるガイドが同行するガイド登山なら、自分の経験値プラスアルファの、憧れの山に行くためのスキルを身につけることができる

アクセスの選び方

登山口へ向かうまでのアクセスは公共交通機関とマイカー、
それぞれにメリットがあります。自分に合った方法を選んでください。

プランや季節に合わせて選ぼう

「登山口」という言葉があります。登山道が始まるところ、山に登り始める入口です。まずは、ガイドブックやウェブサイトを使って登山口の位置を把握しましょう。次に、登山口までの交通手段を調べます。

運転が苦手であれば、公共交通機関を選びましょう。林道の運転には慣れが必要で、下山後の疲れた体で運転するのもしんどいです。登山口と下山口が異なる場合は、公共交通機関を利用します。仲間の車を下山口に置き、下山後に登山口の車を回収する方法もあります。また、北アルプスなどメジャーな山域限定ですが、ハイシーズンに登山口の車を下山口に配車するサービスも一部にあります。

ロープウェイやゴンドラは山岳地域ならではの手段。有効利用して行程や体力に無理のない登山を楽しみましょう。

Point

- [x] 入下山口が異なるコースは公共交通機関利用が前提
- [x] 登山者向けの列車や直行バスも
- [x] マイカー規制、林道走行に注意

公共交通機関で行く

◆ 登山者向け列車やバスも有効に使おう

電車やバスを使って登山口に向かいます。新宿駅朝7時発「あずさ1号」松本行きのように、登山者の利用が目立つ列車もあります。東武鉄道が東京・浅草駅から運行する「尾瀬夜行」など週末やハイシーズンなど期間限定での直行運行や、夜行列車が走るケースもあります。駅からのバスに乗る場合は、季節によってダイヤが変わることもあるので要チェック。特定の登山口まで乗合タクシーやバスを定期運行している地域もあります。夏山シーズンを中心に、首都圏や地方都市から登山者向けの直行バスが運行されるエリアもあります。

尾瀬の玄関口、御池～沼山峠間で運行されているシャトルバス

▶ マイカーで行く

◆ 駐車場の位置や収容台数の確認を

　マイカーで行く場合は、登山口の駐車場についてチェックが必要です。第一駐車場、第二、第三といくつもあり、混雑するハイシーズンは、登山口から離れたところに駐車する場合もあります。その分の移動時間も考慮しましょう。収容台数も要チェック。混雑が予想される時期は、早めに到着するようにしましょう。前夜に到着し、車で仮眠をとる人もいます。ハイシーズンは予約制となる駐車場もあるので、駐車場が発信する情報（ウェブサイトなど）を確認しましょう。満車でも路上駐車は厳禁です。

◆ 林道の路面状況や開通期間を確認

　登山口へ向かう道路は車幅が狭かったり、ダートになった林道の場合もあります。運転に自信がない人は、控えるように。ダートは

パンクなどのリスクもあるので注意深く運転しましょう。また、標高を上げていくので季節によっては路面の凍結にも注意。冬期を中心に通行止めになる道路もあります。地図上に車道があっても、一般車両の通行を禁止しているケースもあります（上高地線や南アルプス林道の一部など）。これらについては、事前に確認が必要です。

北アルプスへの玄関口、新穂高の登山者用駐車場。ハイシーズンは満車になることも

▼ ▼ ▼ ▼ ▼ ▼ ▼ ▼ ▼ ▼ ▼ ▼ ▼ ▼ ▼ ▼ ▼

▶ ロープウェイやゴンドラも上手に利用

◆ 一気に高山の風景を楽しめる

　スキー場や観光地にかかるロープウェイやゴンドラを利用して登る山もあります。前述のように、夏はこのような手段を使って標高の高い場所へ行くと、気持ちよく登山ができます。楽に上がることはできますが、そこは高山。気温が下がる、強い風が吹きつけるなど天候への対応が必要です。

　また、2500mを越えるあたりから高山病にも気を配りましょう。高山病の予防は徐々に登っていくことですが、ロープウェイやゴンドラの場合は一気に標高を上げるので、低酸素の影響を受けやすい人もいます。上の駅に到着したら、小一時間ほどゆっくりしてから歩き始めると、体を標高に慣らすことがで

きます（▶P156）。

　また、登山のオフシーズンや夏から秋への端境期などには、点検のために運休するケースもあるので確認しましょう。

北アルプス・唐松岳へは八方アルペンラインのゴンドラとリフトを乗り継いで、一気にアルプスの風景を堪能しながら歩きだせる（▶P42）

15

山の情報を集めよう

情報社会のいま、正しい情報を集めるのは、
安全に山に登るためのカナメです。

▲▲▲ ▽ ▲▲▲ ▽ ▲▲▲ ▽ ▲▲▲ ▽ ▲▲▲ ▽ ▲▲▲ ▽ ▲▲▲ ▽ ▲▲▲

最新の情報を得て、メンバー全員で把握

ウェブを中心に、情報があふれています。登山については、ガイドブック、山岳雑誌、観光協会や自治体のサイト、山小屋のサイト、登山アプリやコミュニティサイトにある登山者の投稿などさまざまな情報があります。信頼できる発信元（公共機関、山小屋、山岳ガイド、山岳雑誌など）から、最新情報を得るようにしましょう。

また、意外によく見られるのが、計画をする人だけがコースを把握しているというケース。経験者と同行する場合でも、初心者同士

でも、メンバー全員で、行く山の行程と注意点、特徴を把握しておくことが大切です。

Point

- ☑ ガイドブックのコースタイムは目安
- ☑ 標高だけでなく標高差も見る
- ☑ メンバー全員がコースを把握する
- ☑ 個人のSNSは参考程度に

▶ ガイドブックをチェック

メジャーな山域については、ルートガイドブックが出版されています。メジャーではなくても、分県別や各都道府県の百名山のガイドブックもあります。

ガイドブックには、ルートの難易度や体力度、気をつける箇所や見どころなどが載っています。登山道の状況は、経年変化のほか台風や大雨のあとはとくに変化しますので、最新情報のチェックは必要です。

山に行くときは、事前に全員で計画を共有し、一人に一部ガイドブックのコピーを携行するとさらに安心です。

① 難易度表記 ┄ ガイドブックのココを見る！

多くのガイドブックでは難易度が★の数などで表されています。基準はガイドブックによって異なります。凡例をよく読んで、初心者同士の場合は、難易度が低い山を選ぶとよいでしょう。

登山レベル:**上級**

技術度:★★★
体力度:★★★★

日　程:日帰り

総歩行時間:**9時間5分**

歩行距離:**12.3km**

累積標高差:登り1577m
　　　　　　下り1577m

『大人の遠足BOOK 日本三百名山 上
山あるきガイド』（JTBパブリッシング）より

❷ コースタイム

コースタイムは、あくまで目安です。体力や経験、人数や天候、体調次第で大きく変わります。また休憩時間は含まれていません（▶P34）。

❸ 標高差

山の難易度は標高の高い低いだけではなく、標高差が大きく影響します。これは登山口から頂上、頂上から下山口までの高低差を表すもので、標高差が大きいほど体力が必要となります。累積

標高差は、コース中のアップダウンも合算されます。とくにはじめての山歩きには、標高差400m程度を目安とすると安心です（▶P30）。

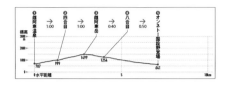

▶ 山岳雑誌を活用しよう

登山専門の雑誌がいくつかあります。最新の道具情報のほか、コースガイドを紹介するページもありますので、チェックしてみてください。テーマ別や地域別の特集では、マイナーな山が載っていることもあります。専門のライター、編集者の手を経た記事なので信頼がおけます。

左から『山と溪谷』（山と溪谷社）、『ランドネ』（ADDIX）、『岳人』（ネイチュアエンタープライズ）

▶ 観光協会、自治体サイトをチェック

公的機関である観光協会や自治体の発信も有効活用しましょう。とくに山岳地域の公的機関は、登山に力を入れた発信をしています。ゲリラ豪雨や台風による登山道崩壊や閉鎖、林道の状況などの最新情報も、迅速に発信してくれます。

▶ 登山アプリのサイトをチェック

「ヤマレコ」「ヤマップ」などのコミュニティサイトには、全国の登山愛好者の山行記録が投稿されています。日付が近い記録なら登山道の状況、どんなコースを選んでいるかなど参考になることも多くあるでしょう。同じような経験値の登山者の投稿を見つけると、次に登りたい山が見つかるかもしれません。ただし、SNSはそれぞれの基準で書かれたものであり、参考程度に。

登山者同士の情報交換の場となる。画像は「ヤマレコ」ウェブサイト

地図がないとはじまらない！

山で使う地図

山歩きには、地図を持つことがマストです。
ここでは登山に役立つ地図とその特徴を紹介します。

▲▲▲ ▽ ▲▲▲ ▽ ▲▲▲ ▽ ▲▲▲ ▽ ▲▲▲ ▽ ▲▲▲ ▽ ▲▲▲ ▽ ▲▲▲

山歩きには地図が必携

山歩きには、コースの詳細と山域全体を把握できる地図がマストです。現在登山で使われている地図には、登山者用につくられた登山地図、国土地理院が発行する地形図、登山地図と地形図それぞれを基にしたアプリがあります。それぞれの特徴、強みを生かして活用してみましょう。

Point

☑ 地図はひとりにひとつ持つ

☑ はじめは登山地図がなじみやすい

☑ 地図アプリ使用の場合でも、
　 紙地図は必携

▶ 登山地図

登山者にとって有用な情報を使いやすく載せてあります。縮尺は5万分の1。大型書店や登山用具店などで販売されています。メジャーな山域を取り上げているため、行きたい山の地図がない場合もあります。使い方の詳細は▶P20へ。

▶ 国土地理院　地形図

国土地理院が発行する地形図のうち、5万分の1、2万5000分の1は、全国を網羅しています。細かな地形を読み取れる点ですぐれています（▶P22）。国土地理院が運営するウェブ地図「地理院地図」では無料で閲覧、印刷もできますが、解像度は低いため粗くなります。日本地図センターの「地図センターネットショッピング」から電子地形図25000の高精細データ、もしくは紙の地形図が購入できます。

国土地理院「電子地形図25000」のサイトから、日本地図センターの「地図センターネットショッピング」へジャンプでき、必要な範囲を指定した地形図を1ファイル280円（A2・A3・A4サイズ）で購入できる。購入には会員登録が必要

▶ 登山用地図アプリ

登山者向けの地図や地形図を基にして独自の情報を組み込んだ、登山者などフィールドで活動する人に向けた地図アプリがあります。代表的なのは「ジオグラフィカ」「ヤマレコ」「山と高原地図」「ヤマップ」。現地ですぐにチェックできるのが強みで、登山道を外れたときにアラームが鳴る仕組みなどもあります。

登山用地図アプリは何ができる?

登山用地図アプリの三大機能は、地図のキャッシュ(データの一時的保存)、現在地の表示、トラックログ(実際に歩いたルートの記録)を記録することです。現在地の標示やトラックログの記録は、スマホのGPS機能を利用して行われます。道迷いを減らす助けになります。そのほかに、コースやコースタイムを表示したり、登山中に撮影した写真を表示したり、登山の記録を投稿できるものもあります。

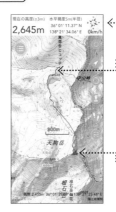

◀····· 標高・方角

◀····· トラックログの記録
実際に歩いたルートを記録し、地図上に表示する。保存したデータをほかのデバイスで開いたり、ほかのアプリと共有もできる

◀····· 現在地の表示

▶ 出発前にやること

登山中はオフラインでアプリを使うことも多いので、事前のキャッシュ(データの一時的保存)はマスト。今回の計画のルートの部分を中心に周辺も含めキャッシュしましょう。登山中は機内モードで使用します。

アプリによっては、ポイント(通過地点や山頂など)を登録することもできます。これによって、登山中にその地点を通過したときに確認することができます。

キャッシュが完了したら、機内モードにして、スマホの画面で明確に地図が読み取れるか確認。エスケープルートを設定している場合は、その部分のキャッシュも必要
画像は「ジオグラフィカ」(上も)

▼ ▼ ▼ ▼ ▼ ▼ ▼ ▼ ▼ ▼ ▼ ▼ ▼ ▼ ▼ ▼ ▼

┏ Q アプリがあれば紙の地図は不要? ┛

A アプリは小さな画面で見るので、あらかじめ紙地図やアプリを大きな画面で見るなどして全体像をつかんでおくと、理解が進みます。登山中もコース全体を俯瞰するのには、紙地図が適しています。また、モバイルバッテリーは必携ですが、万が一バッテリーが足りなくなったときのために、紙地図も携行しましょう。

登山地図を活用する

山歩きにマストなアイテム登山地図。ひとりにひとつ持って歩くのが鉄則です。
地図を持って歩くと見えるもの、わかること。登山地図の読み方の基本、教えます。

▲▲▲ ▽ ▲▲▲ ▽ ▲▲▲ ▽ ▲▲▲ ▽ ▲▲▲ ▽ ▲▲▲ ▽ ▲▲▲ ▽ ▲▲▲

地図が必携なワケ

ポピュラーなコースで道標などが整備されているところでも、地図は必携です。ガイドブックのコピー、登山地図はひとりにひとつ必ず持っていきましょう。

登山地図には、右に挙げるようなコースの詳細、危険箇所、水場、山小屋、分岐、一般道以外のルート（整備されていなかったり、道が不明瞭で上級者向けなど通行が困難なルート）なども網羅されています。誤ってそうした道に入らないようにするためにも、自分が歩くコース以外の道もチェックしておく必要があります。

一日の計画は臨機応変に変更する必要も

コースタイムはあくまでも目安です。山では、自分の一日の山行計画のなかで、状況に応じて臨機応変に行動を変えていく必要があります。現在地、頂上までの距離、危険箇所などを把握、体調や天候によって、ときには引き返すこと、短いコースに変更する決断も必要です。そうした判断をするためにも、地図を持って歩くことが大切です。

登山地図からわかること

1945

1 登山道・歩行時間

登山道のポイントごとに歩行時間が示されている。時間はあくまでも目安として。

2 山小屋

食事の提供がある営業小屋と無人の避難小屋があるので（▶P134）、凡例で確認しよう。

3 標高・ピーク

数字は山の標高を示す。下のマークは山のピークを示す。

4 キャンプ指定地

テントは指定された場所に設営する。山小屋が管理をしている場所が多い。水場があるかも確認を。

5 水場

地図にこのマークがあっても、一年中、水があるとはかぎらない。夏は涸れていることも。

6 温泉

日帰り入浴が可能な温泉なら下山後に立ち寄るなど、山行計画の参考にできる。

『山歩き安全マップ② 北アルプス南部・中央アルプス・御嶽山ベスト』（JTBパブリッシング）折り込みマップより

7 危険・注意箇所

クサリやロープがある箇所、迷いやすい場所など安全面から注意する箇所は注意書きがある。

8 バス停・駐車場

このマークがあっても、バスは期間運行の場合や土・日曜、祝日のみ運行などもあるため注意。

9 花

高山植物の群落が見られる場所など。花を踏みつけたりしないように注意しよう。

地形がわかるともっと楽しくなる！

地形図でなにがわかるの？

登山地図に慣れてきたら、国土地理院発行の地形図を使ってみましょう。
地図が読めると、もっと山歩きが楽しくなるはずです。

▲▲▲ ▽ ▲▲▲ ▽ ▲▲▲ ▽ ▲▲▲ ▽ ▲▲▲ ▽ ▲▲▲ ▽ ▲▲▲ ▽ ▲▲▲

まずは、ここをおさえよう

地形図は、同じ標高を線で結んだ等高線や海岸線や川を表す線、目立つ施設を示す地図記号、植生を表す地図記号などを使って表されています。地形図から登山に活用できる、さまざまな情報が読み取れます。

Point

- ☑ 地形図上の距離感を覚える
- ☑ 等高線の間隔で傾斜を読み取る
- ☑ 等高線から谷と尾根をおさえる

▽ ▽ ▽ ▽ ▽ ▽ ▽ ▽ ▽ ▽ ▽

▶ 距離がわかる

2万5000分の1地形図では、1cmが250m、4cmが1kmです。距離感を覚えておくと、自分で歩行時間が予測できるようになります。

▶ 等高線で地形がわかる

等高線からは、傾斜の緩急や地形が読み取れます。等高線の間隔が広ければ傾斜はなだらか、狭い場所は急斜面です。地形をイメージするにはまず、ピーク（山頂）、尾根と谷、鞍部（コル）に注目し、そこから読み取っていきます。

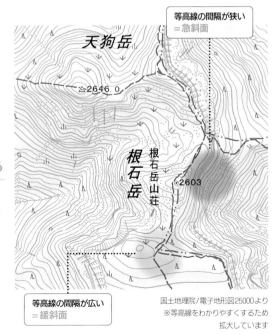

等高線の間隔が狭い
＝急斜面

天狗岳

△2646.0

根石岳山荘

根石岳

・2603

等高線の間隔が広い
＝緩斜面

国土地理院／電子地形図25000より
※等高線をわかりやすくするため
拡大しています

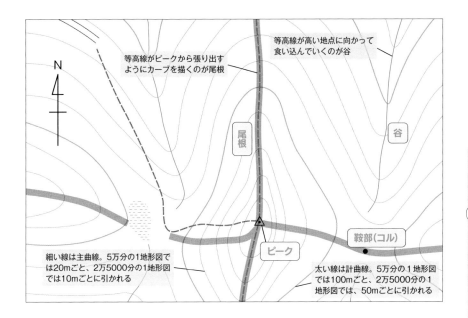

等高線がピークから張り出す
ようにカーブを描くのが尾根

等高線が高い地点に向かって
食い込んでいくのが谷

尾根

谷

細い線は主曲線。5万分の1地形図で
は20mごと、2万5000分の1地形図
では10mごとに引かれる

太い線は計曲線。5万分の1地形図
では100mごと、2万5000分の1
地形図では、50mごとに引かれる

鞍部(コル)

ピーク

読図をマスターするには

「読図」とは、地形図の情報から地形を読み取ることです。読図をマスターするには、地形図とコンパスを持ち歩き、登山中に現在地を確認し、周囲の地形と地形図を照らし合わせる作業を繰り返すことです。独学では難しいので、技術書を読んだり、読図講習会に参加するとよいでしょう。登山中に練習する

ことも必要です。

慣れてくると、地形図から現場の地形や景色が思い浮かべられるようになります。登山前に登山の様子を想像でき、準備に役立ちます。また、登山中に万が一、道がわからなくなったときも、現在地の特定や修正には読図が必要です。

Q 観光用地図ではダメですか？

A 情報がデフォルメされていることも。観光用地図だけではNGです

観光用地図は、山域全体の概念をつかむのに役に立つ地図も多くありますが、地形や距離、縮尺がデフォルメされている場合もあります。万が一、現在地や分岐点でどちらに進んだらよいかわからなくなったときに、観光用地図だけでは正しい判断はできないおそれもあります。登山には、地形図もし

くは登山地図を活用しましょう。

観光用地図には、山の見どころや歴史、花の開花時期、下山後のお楽しみになる温泉や食堂、みやげ物店など山麓の情報、交通手段など有用な情報も載っています。駅や観光協会に置いてあるケースも多いので、手に取ってみてください。

マナーとしても、自分のためにも

登山計画書をつくる

登山計画書をつくるのには、2つの意味があります。ひとつは、自分の計画を見直すこと、もうひとつは周囲に自分の計画を知らせることです。

▲▲▲ ▽ ▲▲▲ ▽ ▲▲▲ ▽ ▲▲▲ ▽ ▲▲▲ ▽ ▲▲▲ ▽ ▲▲▲ ▽ ▲▲▲

山に向かう準備のひとつ、計画書づくり

登山計画書には、右ページのような項目が含まれます。これを基本に、使いやすいようアレンジしてください。登山のスタイルによって項目を付け加えます。山小屋に泊まるのであれば、その電話番号を。これら全部を書き込んでいくことは、登山の計画そのものを考えること。各項目について無理がないか、適切な内容であるか考えることが大切。ひと通り考えれば、山に向かう準備ができたことになりますね。

どこに届ければいいの?

登山計画書は、登る山を所轄する警察署に郵送もしくはe-mailで送るようにしましょう。ホームページに電子受付のフォーマットが掲載されている警察もあります。登山者用地図アプリから計画をつくり提出できるシステムと連携している都道府県警もあります。山と自然ネットワーク・「コンパス」は登山計画書作成のアプリで、作成と同時に家族などと計画を共有でき、また、連携している一部の警察には、そのまま計画書を提出できます。都道府県によって事情が異なるため、該当する県警について調べてください。

登山口や最寄りの電車駅などに計画書を入れるボックスがありますが、救助隊が出動するときにボックスを確認するには、手間と時間のロスになる場合もあります。また、家族や近しい人(登山サークルに所属している場合は担当者)に渡すことも大切です。

下山しない?! 救助は登山計画書がたより

登山中の本人や、留守を預かる家族などから救助要請があった場合、計画書を参考にし警察などが救助と捜索にあたります。単に「雲取山に行く」とだけ伝えても、コースはたくさんあり、場所を絞ることができません。救助が遅れるばかりか、救助はリスクを伴う行為なので、救助する側を長く危険な状態にさらすことになりかねません。また、メンバーや携行している装備の内容もわかっていたほうが、はるかに順調に救助が進みます。

該当する都道府県警の
担当部署に提出

神奈川県警察本部地域総務課御中　　　　　20ｘｘ年ｘ月ｘ日

登山計画書

代表者氏名	山歩れいこ
目的の山域・山名	丹沢山系・塔ノ岳～鍋割山
現地連絡先	090-ｘｘｘｘ－ｘｘｘｘ（山歩携帯電話）
所属	無所属
在京連絡先	03-ｘｘｘｘ-ｘｘｘｘ

所属する山岳
会、サークルな
どがあれば記入

役割	氏　名	性別	年齢	住所	緊急連絡先
		保険	血液型	電話番号	
L・装備	さんぽ れいこ 山歩れいこ	女	28	東京都〇〇区〇-〇-〇	山歩けんた（父）
			A	090-ｘｘｘｘ-ｘｘｘｘ	090-ｘｘｘｘ-ｘｘｘｘ
食料	たかはら あゆみ 高原歩	女	30	神奈川県〇〇市〇〇区〇-〇-〇	高原稜人（夫）
			B	080-ｘｘｘｘ-ｘｘｘｘ	080-ｘｘｘｘ-ｘｘｘｘ

L（リーダー）・
食料担当など友
達同士でも役割
を決めておこう

日　付	期日：	行動予定：
入山 5月20日	渋沢駅 9:00 発～大倉バス停 10:00（バスで移動）	
1日目 5月20日	10:30 大倉バス停発（3時間）A山荘 14:30 着	
2日目 5月21日	9:00 A山荘発 (2:30) 鍋割山・B山荘着～渋沢駅にて解散	
3日目 5月22日	予備日	
	A山荘 〇〇〇-ｘｘｘｘ-ｘｘｘｘ	

コースや宿泊日
数によっては、
予備日を設ける
のがベター

荒天・エスケープルートなど
悪天時は A山荘・B山荘にて停滞。2日目、雨の場合は大倉尾根を下山

悪天時の行動も
事前にシミュ
レーション

食料	朝	昼	夜	行動食
	小屋	各人1日分、2日目小屋で	小屋	各自
非常食	各人1日分　アルファ米　菓子類など			

ツェルト　1張　／　バーナー　2台　／　燃料　2日分

共同の装備なのか個人装備
なのかわかるように

25

山の天気を知る

街とは異なる、山の天気の特徴を知っておきましょう。
安全登山にもつながります。

▲▲▲ ▽ ▲▲▲ ▽ ▲▲▲ ▽ ▲▲▲ ▽ ▲▲▲ ▽ ▲▲▲ ▽ ▲▲▲ ▽ ▲▲▲

「麓は晴れなのに、山は雨」はなぜ起きる？

　天気予報は晴れ。麓は晴れていたのに山頂は雨、今まで晴れていたのにガス（霧）が湧いて視界なし……。こんなことが、とくに夏の高山ではよくあります。

　海から湿った空気が流れ込み、山の斜面にあたって上昇したり、風向きによっては、山にだけ雲ができます。また、山の斜面が太陽の熱であたためられると、上昇気流が発生します。夏の暑い盛りであれば、上昇気流でで

きた雲はどんどん発達します。そこに天気予報でよく聞く「大気の状態が不安定」といった状況が加わると積乱雲が発生し、カミナリに見舞われる危険もあります（▶P162）。

　悪天候が予測できる天気図のパターンや、雲の様子を知っておけば、悪天候のリスクも回避できるようになりますので、山の天気についての書籍や講習会などで、ぜひ学んでみましょう。

Point

- ☑ 麓と山の天気は違うのは、山では上昇気流が起こりやすいから
- ☑ 猛暑の日はとくに天気の急変に注意しよう

夏雲湧く北アルプス、鹿島槍ヶ岳から見る五竜岳・白馬岳方面。山肌に沿って雲がどんどん湧いていく様子がわかる

山岳地の天気予報はここでチェック！

　山の天気は麓とは違うことを頭に入れて、山に行く前は、現地の山岳地帯の天気予報を少なくとも山に行く日の1週間ほど前からチ

ェックしましょう。山岳地帯の天気予報が調べられるウェブサイト・アプリには次のようなものがあります。

▶ 日本気象協会「tenki.jp 山の天気」

https://tenki.jp/mountain/

全国の主要な山の天気予報、また夏山シーズンは、山小屋での気象観測結果や、それをもとにした天気予報なども掲載しています。日本三百名山を網羅した登山者向け有償スマートフォンアプリ「tenki.jp 登山天気」では、山頂、登山口の天気、雨雲の動きに加え、カミナリ危険度など、気象条件から登山をする際の快適度までをふまえ、当日の山のコンディションがA〜Eのランクで示されます。

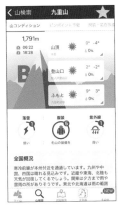

月額240円。三百名山に加え、山の天気のアクセス数を元に人気の山が追加されている

▶ ヤマテン「山の天気予報」

https://i.yamatenki.co.jp/

山岳気象予報の第一人者である猪熊隆之率いる専門家チームが、山特有の気象条件や地形をふまえ予報精度を追及している、山に特化した気象予報サービス。全国主要330山の山頂予報を提供しています。

登山者にとってリスクが大きい気象現象が予想される際には、警戒事項のマーク表示や大荒れ情報が表示されます。パソコン、スマホ、タブレットなどマルチなデバイスに対応。

月額330円。低体温症や落雷、沢の増水など具体的な気象リスクを予想する「登山者目線」での予報が特徴

麓は夏でも、アルプスの山頂は冬!

3000m級の山々が連なる日本アルプスのなかには、ロープウェイで標高2000m近くまで上がれる山もあります。初心者でもアルプスの懐に飛び込めるのが魅力ですが、気象条件には注意が必要です。

麓と山頂ではどれぐらい気温差があるのでしょうか？ 標高が100m上がると気温は0.6℃、風速1mの風を受けると体感温度は1℃下がるといわれています。

夏の唐松岳を例にすると、麓の白馬村（標高約700m）が28℃の場合、山頂付近は約16℃。風が吹けばさらに寒く、冬のよう。朝晩も冷え込みます。夏でも防寒具は必携です。

秋はとくに注意が必要です。北アルプスの初雪は例年9月下旬から10月上旬。紅葉シーズンでも一晩であたり一面銀世界、なんていうことも。天気予報のチェックは忘れずに。

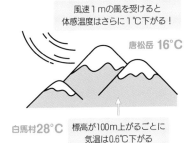

風速1mの風を受けると体感温度はさらに1℃下がる!

唐松岳 16℃

白馬村28℃

標高が100m上がるごとに気温は0.6℃下がる

気象遭難のコワさ

悪天候が原因となり起こる山岳遭難事故があります。
過去の事例をひも解いてみましょう。

「急」「大」「非常に」に要注意

「気象遭難」という言葉を聞いたことがあります
か。豪雨、雷、大雪など、悪天候が原因となる、あ
るいは引き金となって起こる山岳遭難事故をさし
ます。

降雪や降雨だけでなく、極暑の日にも気象遭難が
起きることもあります。数年前、富山市の最高気温
が35℃だった日に、北アルプス北部の立山・剱岳
周辺では、熱中症になり行動ができなくなった登山
者が複数人、救助されています。

急に雨が降り出す、急に雪が降り出す、大量の雨
が降る、大量の雪が降る、急に気温が上がる、急に
気温が下がる、非常に高い気温になる、非常に低い
気温になる……というように急に量の多い降雨、
降雪がある、急な気温変化は、気象遭難の引き金と
なりやすいので、登山にはあまり向きません。注意
が必要です。

過去の事例に学ぼう

「立山中高年大量遭難事故」という山岳遭難事故があ
ります。1989年10月8日、立山一帯が悪天候に見舞
われました。吹雪になった時間帯もあります。このと
き、10人のパーティが立山三山を縦走しており、そ
のうちの8人が低体温症で死亡しました。例年この時
期に立山を登山していたパーティですが、このような
悪天候にあったのははじめてだったようです。しか
し、9月下旬から10月初めの高山は、冷たい雨が雪
に変わる時期です。麓では雨であっても、山の上は雪、
ときには吹雪にもなります。気温も下がりますので、
濡れと低温が進行して低体温症になるおそれもありま
す。また、雪山の装備と技術をもち合わせていないと、
行動すること自体が難しくなります。

過去の気象遭難の事例は、山岳雑誌や書籍などで読
むことができます。事故から学ぶことも多いので、ぜ
ひ読んでみてください。

上高地から望む北ア
ルプス・穂高連峰。
麓は紅葉シーズンで
も、山は雪。稜線付
近は一夜にしてまっ
白ということも

2 章

山歩きのプランニング

ハイキングからアルプス縦走まで、
レベル別のプランを紹介します

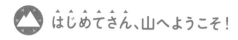

山デビューはどこでする？

「山っていいな……」と心が少しでも動いたら踏み出してみて。
山の楽しみ方はいろいろ。一歩ずつ、憧れの山に近づく方法を紹介します。

▲▲▲ ▼ ▲▲▲ ▼ ▲▲▲ ▼ ▲▲▲ ▼ ▲▲▲ ▼ ▲▲▲ ▼ ▲▲▲ ▼ ▲▲▲

標高では判断できない山の難易度

低い山が初心者向け、高い山は上級者向けと思いがちですが、そうともいえません。作業道など登山道以外の道が入り組んでいたり、道が不明瞭でわかりづらい低山。道標（現在地や行く先を案内する看板）が整備されていない山などは、低い山でも、はじめての山歩きでは避けましょう。山デビューに最適なのは、次のような条件の山です。

▶ 歩行時間の目安は2〜3時間

慣れないうちは、歩行時間が2〜3時間ほどの山を選びます。ランチや休憩時間を入れて4〜5時間、余力があるうちに下山できるように。どれぐらい歩けるか、自分の体力と相談しながら歩くつもりででかけましょう。

大雨のあとは、増水して渡れないこともあるらしい。現地に確認して危なければ、往復コースにしよう。

体調がわるかったり、天気が急変したら、この道を引き返そう。

▶ 道標や登山道が整備されている

道標と登山道がしっかりと整備されていて、ハイカーの多いポピュラーな山が安心です。まずはガイドブック、登山地図で情報を集め、現地の自治体や山小屋のウェブサイトもチェックしましょう。

▶ エスケープルートがある

天候が急変したり、体調がわるくなったりしたときに、予定していた行程を変更、早く下山できるエスケープルートがある山が安心です。そのために登山地図などで自分が歩く以外のコースも入念に下調べをし、山の全体像を頭に入れておきます（▶P20）。

▶ 転落や雪が残る場所など 危険箇所がない

標高が低い山でも、転落（滑落）したら大事故につながるような、切れ落ちた稜線の岩稜歩きがある低山もあります。登山道が一部崩れているようなコースも危険です。

このような難路は、ポピュラーな山にもある。登山地図の注意事項をチェック、自治体にも確認しよう

▶ 標高差は400m程度まで

ふだん運動なんてしていないけど……、という人は、標高差400m程度までを目安にしてみましょう。ロープウェイやリフトを使える低山や、森や高原を歩く散策路もおすすめ。自然のなかに身をおく気持ちよさを味わえます。

近郊の里山でも充分に山歩き気分を味わえる場所がある。狭山丘陵・八国山で

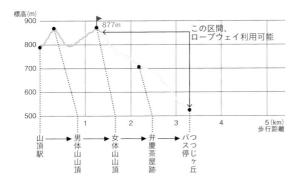

▶ 筑波山高低図 （標高877m）

筑波山は標高877m、ケーブルカーやロープウェイを利用すればわずかな標高差で山頂に立てる。下山地までの標高差は327m（▶P39）。

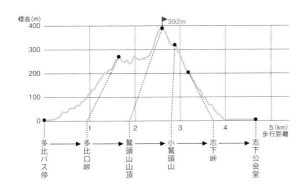

▶ 鷲頭山高低図 （標高392m）

沼津アルプス最高点、鷲頭山は392mだが、標高差は、筑波山より多い392m。さらに、細かいアップダウンなどがあり、体力・技術を必要とする中級者以上向け（▶P41）。

縦走って？ ピストンってなに？

　「縦走する」「ピストンで」。そんな言葉を聞いて「なに⁉」と思った人、多いですよね。山を歩くコースを選ぶには、次に示すような種類（呼び方）があります。自分が歩くコースをどうとるか、登山地図を眺めてシミュレーションしてみましょう。どのコースを歩こうかな。地図を眺めてワクワク。もう、そこから山歩きは始まっています。

Start!　**S** ＝スタート地点　　Goal!　**G** ＝ゴール地点

▶ ピストン（往復）

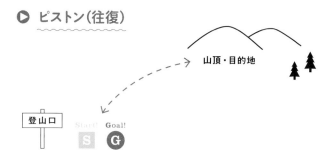

山頂・目的地

登山口

Start! **S**　Goal! **G**

起点と終点が同じ。往路と復路で同じ道を歩く。苦手な人が多い下山路も、登りの際に把握でき、途中で引き返すことができるので、初心者にはおすすめ。

▶ 周回

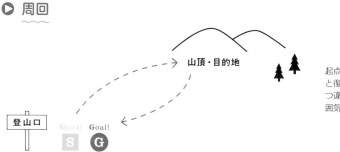

山頂・目的地

登山口

Start! **S**　Goal! **G**

起点と終点は同じで、往路と復路が異なる。尾根ひとつ違うだけで、まったく雰囲気が異なる山も。

▶ 縦走

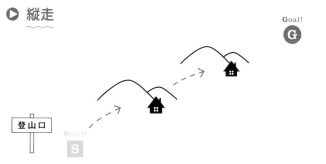

Goal! **G**

登山口

Start! **S**

山のピークからピークをつないで歩く。いったん登ってしまえば、快適な稜線散歩というルートもあれば、大きな登り下りを繰り返したり、とグレードはさまざま。

季節と天候で変わる山のグレード

山のグレードは季節と天候で大きく変わります。雪がない季節の山を「無雪期」、山に雪が積もっている季節を「積雪期」と呼んでいます。地域や山の標高によっても変わりますが、雪が積もっている山、また近郊の低山でも、雪が降る可能性がある山は、雪山用の装備と技術が必要になります。初心者は、雪のない山を選びましょう。また、北側斜面など、凍結しているところや雪や霜が解けてぬかるむところも。

落葉広葉樹は紅葉がうつくしく人気ですが、晩秋落ち葉が敷き積もると、登山道をわかりにくくし、広い尾根や作業道が入り組んだ山などでは、道迷いの原因にも。さらに、雨や強風のときは、どんなに初心者向けの山でも難易度があがってしまいます。

ガイドブックに初級者向けと書いてあるからといって、安心するのではなく、山のグレードは気象、季節など総合的な要素によって決まると思ってください。

山に行く前に、現地の天気予報をチェック、悪天が予想される場合は入山を控えましょう。大雨のあと、台風などが通過したあとは登山道が荒れていることもあります。天気予報とともに、現地の最新情報を必ず確認しましょう。

晩秋、落ち葉が敷き積もった尾根では道をはずれないように注意が必要。奥多摩・鷹ノ巣山で

Point 👉 初心者は、雪のない山の一般登山道を選ぶ。

北アルプスと高尾山ではこんなに季節が違う!

北アルプス・唐松岳と東京・高尾山では山登りに適した時期は以下の図のように異なります。

高尾山はじめ、東京近郊の低山は気象条件さえよければ、盛夏をのぞき通年楽しめますが、2000m以上の山岳地帯の適期は、初心者の場合、7月中旬梅雨明けから雪が降る前の9月中旬までとなります。

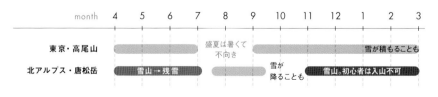

month	4	5	6	7	8	9	10	11	12	1	2	3
東京・高尾山					盛夏は暑くて不向き					雪が積もることも		
北アルプス・唐松岳	雪山→残雪					雪が降ることも		雪山。初心者は入山不可				

▬ 登山に適した時期

 さあ、山へ！

計画の立て方

気持のよい季節。週末は晴れ！ さあ、山を歩いてみましょう。
実際に、どうやって山の計画を立てればよいか、ポイントを解説します。

▲▲▲ ▽ ▲▲▲ ▽ ▲▲▲ ▽ ▲▲▲ ▽ ▲▲▲ ▽ ▲▲▲ ▽ ▲▲▲ ▽ ▲▲▲

自分で一日をシミュレーションしてみる

○　行きたい山 ☞ 湯河原　幕山（まくやま）へ行きたい！

▶ 日数：日帰り　　▶ 時期：10月上旬

▶ 歩行時間：2時間30分

▶ アクセス：自宅から2時間

🏠 ┈▷ 🚃 ┈▷ 🏠🚌 ┈▷ ⛰

▶ コースタイムの
1.5〜2倍を見積もる

　ガイドブックや登山地図に表示されている歩行時間はあくまでも目安です。最低1.5〜2倍で計算したうえで休憩、ランチタイムの時間を加えましょう。

▲▲▲
行動時間
☞ 約5時間

▶ 14時には下山できるように

　季節や、山深いエリアか街からも近い里山か、など条件にもよりますが、山では14時には下山できるように計画します。行動時間が5時間の場合、逆算すると……

▲▲▲
☞ 登山口 9時出発となります。

▶ 帰りのバスがない！ とならないように

　山岳エリアでは、バス便が午前中1本のみ、午後は15時台が1本などはよくあること。タクシーもいつでも駅前に常駐しているわけではなく、予約が必要なエリアも多くあります。行き、帰りのバス便、タクシーは事前に必ずチェックを忘れずに。

バスダイヤをメモ…。
待ち時間に、
温泉に入ろうっと♪

▶ 登山地図でコースの詳細をチェック！

　行動時間、アクセスをシミュレーションしたら、登山地図でコース上の状況を確認します。休憩でのんびりしたい、など自分の歩き方に合わせてプランを調整します。

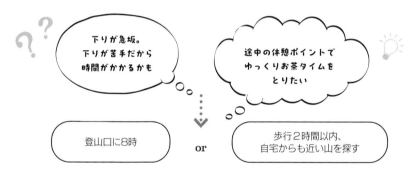

下りが急坂。
下りが苦手だから
時間がかかるかも

途中の休憩ポイントで
ゆっくりお茶タイムを
とりたい

登山口に8時

or

歩行2時間以内、
自宅からも近い山を探す

どうして14時までに下山？

山の日暮れは日没よりも早い。夏はカミナリも

　14時なんてまだまだ明るいのに!?と思うかもしれません。山では尾根で太陽が隠れてしまうため、じっさいの日没時間よりも早く暗くなります。針葉樹の植林地帯などは光をさえぎり、さらに暗く感じます。14時というとまだ街では昼間の感覚ですが、山での14時は、日没が迫っている、と考えておきましょう。また夏は、カミナリのリスクも14時以降に高くなります。山でのカミナリは本当にキケン。山中でカミナリに遭わないためには、14時までに下山することが基本です。

目的別プラン案内

山の歩き方はいろいろ。どんな山に行ったらいいか、
山行計画を立てるヒントに、目的別プランを紹介します。

▲▲▲ ▽ ▲▲▲ ▽ ▲▲▲ ▽ ▲▲▲ ▽ ▲▲▲ ▽ ▲▲▲ ▽ ▲▲▲ ▽ ▲▲▲

Plan: A ◆ 観光地の遊歩道ハイキング

山登りには興味はあるけど、ちゃんと歩けるか心配、という人は観光＋α（プラスアルファ）で遊歩道ハイキングからトライしてみては？ 歩くことで感じる風のそよぎ、森の香り、ちいさな生き物の息遣いを体全身と五感で感じてみてください。

👉 こんな人におすすめ

☑ ふだんほとんど歩かない
☑ アップダウンのある登山道が不安
☑ 名所巡りにプラスアルファで歩きたい

▶ 戦場ヶ原（せんじょうがはら） ▶ 栃木県日光市

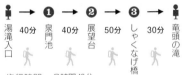

湯滝入口 →40分→ ① 泉門池 →40分→ ② 展望台 →50分→ ③ しゃくなげ橋 →30分→ 竜頭の滝

▶ 歩行時間　2時間40分
▶ アクセス　行き＝東武鉄道東武日光駅→東武バス
　　　　　　　1時間16分→湯滝入口バス停
　　　　　　　帰り＝竜頭の滝バス停→東武バス
　　　　　　　55分→東武鉄道東武日光駅
　　　　　　　車：日光宇都宮道路清滝ICから約25km

◆ 花と鳥を愛でる湿原歩き

避暑地・観光地として人気の高い日光・戦場ヶ原の湿原を横断する自然研究路。周囲は男体山（なんたいさん）、太郎山（たろうやま）などに囲まれ、ほとんどアップダウンのない平坦な木道が続き、歩き慣れていない人も安心です。スニーカーでもOK。6〜8月にはワタスゲ、レンゲツツジなどの花々がつぎつぎに咲きます。野鳥の多いことでも知られ、案内板を見ながらの散策が楽しい。

木道が敷かれ歩きやすい

初夏にはワタスゲの群落が見ごろになる

▶ 御岳渓谷 ▶ 東京都青梅市

○ → ❶ → ❷ → ❸ → ❹ → ❺ → ○
JR軍畑駅　20分　遊歩道入口　15分　楓橋　20分　御岳小橋　5分　御岳橋　30分　丹縄　40分　JR御嶽駅

▶ 歩行時間　2時間10分　　▶ アクセス　行き＝JR青梅線軍畑駅　帰り＝JR青梅線御嶽駅
車：圏央道青梅ICから約15分

◆ 水と森の癒しの道。美術館めぐりでしっとりと

　散策路には、落葉広葉樹が多く、川のせせらぎを耳にしながらの新緑と紅葉時期の散策は、とくに気持ちがいい。新宿から電車で約1時間20分の思い立ったらすぐ行けるヒーリングスポット。

　コース沿いには美術館や渓谷を見下ろす食事処なども点在します。JR青梅線が並行して走るため、プランに合わせ、起点・終点駅を変えてコースの短縮も可能。朝寝坊した日でもOK！

イロハモミジが多く鮮やかな赤が水辺に映える

▶ 上高地自然探勝道

▶ 長野県松本市

　北アルプスの槍・穂高連峰の玄関口、上高地・梓川沿いをたどる散策路。1～5時間程度までのコース設

梓川の清冽な流れを見ながらの散策ができる

定ができます。明神池からさらに1時間。登山者に人気の山小屋・徳澤園までたどり着いたら、さらに先へ。山の世界をもっと見てみたい、と憧れをかきたてられます。

▶ 栂池自然園

▶ 長野県小谷村

　ロープウェイで一気に標高1900mへ。日本有数の高層湿原に整備された一周約5.5kmの散策路。白馬三

白馬三山の雄大な眺めを見ながらのハイキング

山を間近に眺めながら、さまざまな高山植物が見られるいいとこどりプラン。気象条件は高山同様で、一部アップダウンのある山道を歩くため、登山装備が必要。

Plan: B ◆ 低山でも展望◎の満足ハイキング

歩くのって楽しい！ と思ったら、標高からは想像できないような展望が魅力の近郊の低山へ出かけてみましょう。登りきった先に見える景色は、登ってよかったと思える充実感と爽快感を味わえます。展望を楽しんだら、足元のちいさな自然、フカフカの落ち葉を踏むやさしい感触。山ならではの気持ちよさも味わってみてください。

👉 こんな人におすすめ

☑ 高い山に登る前に
自分の体力を知っておきたい
☑ 低い山でも絶景が見たい
☑ 長時間の歩行、登りはまだ不安

▶ 高尾山 ▶ 599m ▶ 東京都八王子市

○ → ○ → ○ → ❶ → ❷ → ❸ → ○ → ○ → ○

高尾山口駅　5分　清滝駅　ケーブルカー6分　高尾山駅　10分　浄心門　15分　みやま橋　40分　高尾山　50分　高尾山駅　ケーブルカー6分　清滝駅　5分　高尾山口駅

▶ 歩行時間　2時間5分　　▶ アクセス　往復=京王高尾線高尾山口駅　車：圏央道高尾山ICから約2km

◆ 楽しみがギュッとつまったワンダーランド

多くのハイカーでにぎわう高尾山。往路は、足慣らしもかねて、人気のみやま吊り橋を通る4号路か、暑い時期でも涼しい沢沿いの6号路で登り、復路は比較的ゆるやかな3号路で下山する、などさまざまなコースが選択できます。静かな山の雰囲気が味わいたい、という人は往路で稲荷山コースに挑戦しても。山中には、7本のハイキングコースが整備され、ケーブルカーやリフトを利用して、好みや体力に合わせたコース設定ができます。

山頂からの富士山や都心方面の眺めに加えて、なめこ汁におだんご、と要所に立つ茶屋のおいしいものめぐりも楽しい。たくさんの動植物も観察でき、何度訪れてもあきないミシュラン三つ星にも納得の鉄板低山。

いつもにぎわう高尾山山頂。都心方面や富士山の展望が魅力

▶ 幕山 ► 626m ► 神奈川県湯河原町

幕山公園	10分	❶ 一の瀬橋	15分	❷ 大石ヶ平	55分	❸ 南郷山分岐	20分	❹ 幕山	50分	幕山公園

► 歩行時間　2時間30分　► アクセス　往復＝JR東海道本線湯河原駅⇔箱根登山バス18分⇔幕山公園バス停：小田原厚木道路小田原西ICから約20km

◆ 真鶴半島を見下ろす広い山頂でのんびり

　冬でも温暖な湯河原の街を見下ろすようにそびえる幕山。1〜3月ごろの山麓は、約4000本の紅白の梅に彩られます。明るい日差しがふりそそぎ、眼下に真っ青な相模湾と真鶴半島を望む山頂は、のんびりランチタイム＆お昼寝にもぴったり。

　温泉地としても知られる湯河原は、日帰り入浴ができる公共の温泉施設も充実しています。広い空と海の展望＋温泉で心身のデトックス完了です。

広いカヤトの草原が広がる山頂

▶ 大楠山

► 241m ► 神奈川県横須賀市

　山頂からの眺めは、「かながわの景勝50選」にも選ばれ、相模湾、富士山などが見渡

低山とは思えない展望が広がる

せます。大楠平に、春は菜の花畑、秋にはコスモスが一面に咲くころがおすすめ。尾根はゆるやかなアップダウンがあり、ステップアップするための足慣らしにもぴったり。

▶ 筑波山

► 877m ► 茨城県つくば市

　山そのものが筑波山神社のご神体で、パワースポットとしても有名。ロープウェイやケーブルカーを使っ

女体山からは関東平野が一望できる

て、関東平野を見渡す大展望の頂に立つことができます。連続する奇岩や杉の大木、深い森など、見どころもいっぱいのハイキングが楽しめます。

　3時間ぐらいなら余力を残して歩けるようになった、もっといろいろな山の世界を見てみたい。そんな人は夏のアルプス縦走へとつづくステップアップもかねて、4〜5時間ほどの歩行時間、山と山をつないで歩く稜線歩きを経験してみましょう。のびやかな稜線が続くおっとり山、標高は低いけれど、でこぼこアップダウンや急な登りが続く玄人肌の

山。山それぞれの個性を味わう、山登りの楽しさの真髄にふれることができます。

☞ こんな人におすすめ

☑ 3時間ぐらいは歩けるようになった

☑ 初心者向けハイクからステップアップしたい

☑ 体力は自信あり。山登りの醍醐味を味わいたい！

▶ 大菩薩嶺　▶ 2057m　▶ 山梨県甲州市・丹波山村

| 上日川峠 | →25分 | ❶福ちゃん荘 | →20分 | ❷富士見平 | →35分 | ❸大菩薩峠 | →45分 | ❹雷岩 | →15分 | ❺大菩薩嶺 | →1時間10分 | 上日川峠 |

▶ 歩行時間　3時間30分

▶ アクセス　往復＝JR中央本線甲斐大和駅⇔栄和交通バス40分⇔上日川峠バス停　※4月下旬〜12月上旬の特定日のみ運行。または、JR中央本線塩山駅からタクシーで約5500円　車：中央道勝沼ICから約25km

◆ 富士山を見ながらの展望ハイク

　深田久弥著『日本百名山』に選定された山のひとつ。要所に山小屋もあり、休憩や昼食がとれます。ハイライトは、大菩薩峠から大菩薩嶺までの富士山を眺めながらの開放感あふれる稜線歩き。危険箇所はありませんが、一部大小の岩がゴロゴロした急な登りもあるので足慣らしにもなります。初夏から夏にはたくさんの高山植物が咲きます。

富士山を見ながらの明るい稜線歩き

高山植物も周辺に多い大菩薩峠。
足元にも注目しよう

▶ 沼津アルプス　▶ 392m（鷲頭山）　▶ 静岡県沼津市

香貫台入口 →45分→ ① 徳倉山 →35分→ ② 志下坂峠 →20分→ ③ 馬込峠 →15分→ ④ 志下峠 →35分→ ⑤ 鷲頭山 →10分→ ⑥ 多比峠 →25分→ ⑦ 多比口峠 →15分→ ⑧ 大平山 →10分→ ⑨ 多比口峠 →40分→ 多比

- ▶ 歩行時間　4時間10分
- ▶ アクセス　行き＝JR東海道本線沼津駅→東海バスで25分→香貫台入口バス停　帰り＝多比バス停→伊豆箱根バスまたは東海バス25分→JR沼津駅

◆ ご当地アルプスを本格縦走

　標高を見て、「低いし……」となめてかかってはいけません。駿河湾の海岸線と富士山、南アルプスまでを見渡す、有名ご当地アルプスは、縦走路をすべてつなげば、6時間以上。初心者は徳倉山から大平山までとし、クサリ場やロープ、急峻な尾根もあるので、山の経験者と同行するのがいいでしょう。地元山岳愛好家の尽力で整備された本格縦走路は、かわいらしい道標が地元愛を感じさせます。

徳倉山から富士山を望む

▶ 景信山～高尾山

- ▶ 727m（景信山）～ 599m（高尾山）
- ▶ 東京都八王子市

　高尾山から、城山、景信山へ続く奥高尾山稜は、尾根歩きの気持ちよさを満喫できる縦走入門コースで、

景信山山頂。桜の季節も美しく人気

桜の季節、新緑や紅葉シーズンはハイカーでにぎわいます。小仏から登り、高尾山からは喧騒をさけて静かな稲荷山コースを下山するのがおすすめ。

▶ 明神ヶ岳

- ▶ 1169m
- ▶ 神奈川県南足柄市・箱根町

　富士山、箱根連山、相模湾を見渡す360度の箱根でも随一の大展望と、のびやかな尾根歩きが楽しめる

ステップアップにもぴったりのハイキング

山。お隣の明星ヶ岳（924m）とつないで歩く人も多い。防火帯として使われている登山道は、大人2人が並んで歩いても余裕がある広さで快適に歩けます。

次は夏のごほうびプラン。ロープウェイを使って一歩先の山の世界へ。ラクラクで山上まで行けますが、気象条件が低山とは異なること、アルプスの頂にいることは忘れずに。装備はしっかりとチェックしましょう。足元の花々に癒され「こんな景色、日本にあったんだ」という風景が目の前に広がります。

👉 こんな人におすすめ

☑ 1日5時間以上、標高差600m以上歩けるようになった
☑ 雄大な山岳パノラマが見たい
☑ 高山植物のお花畑が見たい

▶ 北アルプス／唐松岳　► 2696m　► 長野県白馬村・富山県黒部市

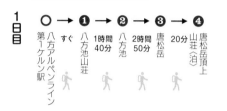

1日目
〇 八方アルペンライン第1ケルン駅 → すぐ → ❶ 八方池山荘 → 1時間40分 → ❷ 八方池 → 2時間50分 → ❸ 唐松岳 → 20分 → ❹ 唐松岳頂上山荘〈泊〉

2日目
❶ 唐松岳頂上山荘 → 2時間 → ❷ 八方池 → 1時間20分 → ❸ 八方池山荘 → すぐ → 〇 八方アルペンライン第1ケルン駅

▶ 歩行時間　1日目＝4時間50分（唐松岳頂上山荘泊）　2日目＝3時間20分

▶ データ　唐松岳頂上山荘　☎090-5204-7876　営業期間＝7月上旬～10月中旬　1泊2食付1万5000円～

▶ アクセス　往復＝JR大糸線白馬駅⇔アルピコ交通バス5分⇔白馬八方バスターミナル⇔八方駅⇔八方アルペンライン　ゴンドラ・リフト乗り継ぎ30分⇔八方アルペンライン第1ケルン駅（八方池山荘）　車：上信越道長野ICから約48km

◆ 高山植物と山上の湖。憧れの山々が目の前に

標高1850m地点の八方池山荘までゴンドラとリフトで行き、八方尾根をたどる唐松岳は北アルプス入門として人気。ですが、そこは3000m級のアルプス。一部ですが危険箇所もあり、経験を積んでからの登山が基本です。白馬三山を眺めながら、高山植物を愛でる山上の湖・八方池までだけでもアルプスの風景を満喫できます。

八方池周辺には高山植物もいっぱい

展望がすばらしい唐松岳頂上山荘（▶P146）

▶ 中央アルプス／木曽駒ヶ岳　▶ 2956m　▶ 長野県上松町・木曽町・宮田村・駒ヶ根市

1日目
○ 千畳敷駅 → 50分 → ❶ 乗越浄土 → 20分 → ❷ 中岳 → 40分 → ❸ 木曽駒ヶ岳 → 20分 → ❹ 駒ヶ岳頂上山荘〈泊〉

2日目
❶ 駒ヶ岳頂上山荘 → 25分 → ❷ 中岳 → 25分 → ❸ 乗越浄土 → 40分 → ○ 千畳敷駅

▶ 歩行時間　1日目＝2時間10分（駒ヶ岳頂上山荘泊）
　　　　　　2日目＝1時間30分

▶ アクセス　JR飯田線駒ケ根駅⇔中央アルプス観光バス45分⇔駒ヶ岳ロープウェイしらび平駅⇔ロープウェイ8分⇔千畳敷駅　車：中央道駒根ICから約2km、菅の台バスセンターで路線バスに乗り換え、しらび平駅まで30分

▶ データ　駒ヶ岳頂上山荘☎090-5507-6345　営業期間＝7月上旬～10月上旬（要問合せ）1泊2食付1万3000円

◆ ロープウェイを降りれば広がるアルプスの絶景

　駒ヶ岳ロープウェイに乗って、千畳敷へ。夏は高山植物が斜面を埋め、秋にはナナカマドやダケカンバの錦繍絵巻が広がります。観光客を追い越して、目の前にそびえる頂へ。

2日目に千畳敷へ戻るコースがおすすめ。南に続く宝剣岳方面の縦走路は岩稜帯が続き、中級者以上向けコースですので、初心者は駒ヶ岳往復とします。

高山植物と雪渓がうつくしい千畳敷カール

Plan: E　◆ 雲上の稜線を歩くアルプス小屋泊まり縦走

「雲の向こうまで続く稜線を歩いてみたい」。装備やウェア、いざというときの対処法、自分なりの歩き方のペースがつかめたら、いよいよアルプス縦走へ！危険箇所が少なく、小屋も快適で過ごしやすい。そして、3000m級の山々の大展望が広がる、はじめてのアルプス縦走におすすめの2プランをご紹介。

👉 こんな人におすすめ

☑ 雲の上の稜線を歩いてみたい
☑ 地図を見て自分で山行計画が立てられる
☑ 1日5時間以上、標高差600m以上は歩けるようになった

▶ 北アルプス／蝶ヶ岳（ちょうがたけ）～常念岳（じょうねんだけ）
　▶ 2677m（蝶ヶ岳）～2857m（常念岳）
　▶ 長野県安曇野市

1日目　🚙 三股・林道ゲート → 5時間30分 🚶 ❶ 蝶ヶ岳 → 10分 🚶 ❷ 蝶ヶ岳ヒュッテ〈泊〉

2日目　❶ 蝶ヶ岳ヒュッテ → 5時間 🚶 ❷ 常念岳 → 50分 🚶 ❸ 常念小屋〈泊〉

3日目　❶ 常念小屋 → 3時間20分 🚶 ❷ 一ノ沢登山口

▶ 歩行時間　1日目＝5時間40分（蝶ヶ岳ヒュッテ泊）
　　　　　　2日目＝5時間50分（常念小屋泊）
　　　　　　3日目＝3時間20分

▶ アクセス　行き＝JR大糸線豊科駅（タクシー40分、約7000円）三股・林道ゲート　帰り＝一ノ沢登山口（タクシー35分、約6000円）JR大糸線穂高駅

▶ データ　蝶ヶ岳ヒュッテ☎090-1056-3455、☎0263-58-2210（松本事務所）　営業期間＝4月下旬～11月上旬　1泊2食付1万4000円
　　　　　常念小屋☎090-1430-3328、☎0263-33-9458（松本事務所）　営業期間＝4月下旬～11月上旬　1泊2食付1万5000円

◆ 槍・穂高がまるみえ！のパノラマコース

本コース最大の魅力は、西側南北に並行して走る北アルプスのシンボル、槍（やり）・穂高（ほたか）連峰の大パノラマを終始眺めながら歩けること。お花畑も多く、アルプスならではの風景が楽しめます。また、ハシゴやクサリの通過、切れ落ちた岩稜帯などの、転倒したら即大事故につながるような危険地帯はなく、アルプス縦走がはじめての人におすすめのコース。

〔地図〕大天井岳へ　常念小屋❶❸　横通岳2767　2466　常念乗越　一ノ沢　常念岳❷2857　前常念岳2662　一ノ沢登山口❷　穂高駅へ　蝶ヶ岳ヒュッテ❷　三股　三股・林道ゲート　豊科駅へ　横尾分岐　長野県安曇野市　蝶ヶ岳❶2677　蝶ヶ池　徳沢へ　0　2km

蝶ヶ岳ヒュッテからは目の前に槍・穂高連峰が広がる

▶ 南アルプス／鳳凰三山 ► 2841m（観音ヶ岳）► 山梨県南アルプス市・韮崎市

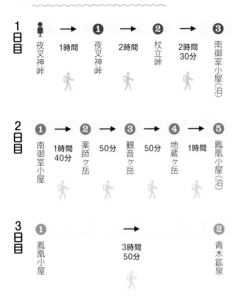

1日目

夜叉神峠 →（1時間）→ ❶夜叉神峠 →（2時間）→ ❷杖立峠 →（2時間30分）→ ❸南御室小屋〈泊〉

2日目

❶南御室小屋 →（1時間40分）→ ❷薬師ヶ岳 →（50分）→ ❸観音ヶ岳 →（50分）→ ❹地蔵ヶ岳 →（1時間）→ ❺鳳凰小屋〈泊〉

3日目

❶鳳凰小屋 →（3時間50分）→ ❷青木鉱泉

▶ 歩行時間　　1日目＝5時間30分（南御室小屋泊）
　　　　　　　2日目＝4時間20分（鳳凰小屋泊）
　　　　　　　3日目＝3時間50分

▶ アクセス　　行き＝JR中央本線甲府駅→山梨交通バス
　　　　　　　1時間15分、夏期シーズンの特定日のみ運
　　　　　　　行→夜叉神峠バス停　帰り＝青木鉱泉→茅ヶ
　　　　　　　岳観光バス55分、4月下旬〜10月上旬の特
　　　　　　　定日のみ運行→JR中央本線韮崎駅

▶ データ　　　南御室小屋☎090-3406-3404、☎
　　　　　　　0551-22-6682（韮崎事務所）　営業期
　　　　　　　間＝4月下旬〜11月中旬、年末年始
　　　　　　　1泊2食付1万円
　　　　　　　鳳凰小屋☎0551-27-2466（連絡所）
　　　　　　　営業期間＝4月下旬〜11月中旬　1泊2食
　　　　　　　付1万円
　　　　　　　青木鉱泉☎070-4174-1425、☎
　　　　　　　0422-51-2313（東京連絡所）　営業期
　　　　　　　間＝4月下旬〜10月中旬　1泊素泊まり
　　　　　　　7150円〜

◆ 明るい花崗岩の岩峰がシンボル

　首都圏からもアクセスしやすく、白峰三山や富士山、甲斐駒ヶ岳の眺望がすばらしい人気の縦走コース。鳳凰三山と呼ばれる薬師ヶ岳〜地蔵ヶ岳〜観音ヶ岳をつないで歩きます。

　ハイライトは、緑濃い山々が連なる南アルプスのなかでひときわ目立つ地蔵ヶ岳の岩峰、オベリスク。夏空や紅葉の季節の鮮やかな色彩のコントラストにうっとり。下山地の山懐の一軒宿、青木鉱泉で湯に浸かって贅沢な山旅に。

薬師ヶ岳より地蔵ヶ岳
方面を望む

災害時に役立つ山道具

山道具は性能が高いため値が張りますが、持っていると安心です。
いざというときも、あなたの身を守るサバイバルグッズとなります。

登山に使う道具やウェアは、厳しい自然環境のなかで私たちの身を守ってくれるようにつくられており、災害時にも役立ちます。

東日本大震災のとき、東京でも帰宅難民が大勢出ました。暖房もないなか一夜を過ごすことに不安を感じた方もいたでしょう。登山では、ビバークといって着のみ着のままで一枚の布（ツェルト）をかぶったまま夜を明かすこともあります。

また、津波による大被害があった地域では、低体温症でなくなった方も大勢いました。当時の様子を報道した新聞記事では、死亡に至るまでの過程や病院ではどのような手当てを行っていたのかを、読むことができます。その過程は、登山中の低体温症に共通する点が多いことがわかりました。

体温を保持できるエマージェンシーシート、もしくは簡易テントであるツェルト、速乾性や防寒性の高い登山用ウェア、防水透湿性のあるレインウェアは、寒さや濡れから身を守ってくれます。ヘッドランプは暗がりで行動するときに必須です。このような山道具は、非常用持ち出し袋を兼ねて取り出しやすいところにまとめておくとよいでしょう。写真では、その一例を紹介します。

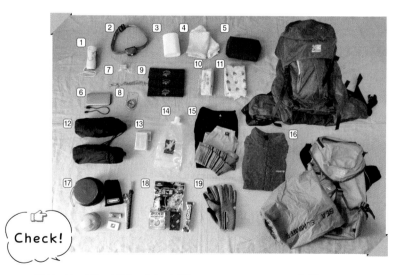

Check!

1 ソーラー充電つき携帯ラジオ	8 コンパス	15 山用アンダーウェア
2 ヘッドランプ	9 携帯トイレ	16 防寒着
3 トイレットペーパー	10 ウエットティッシュ	17 調理器具
4 生理用品	11 手ぬぐい	18 非常食
5 ファーストエイドキット	12 レインウェア	19 グローブ
6 モバイルバッテリー	13 エマージェンシーシート	
7 ホイッスル	14 折りたたみ水筒 & 水	

3章

山ウェア

安全に山を歩くために必要な、
山ウェアの機能やそろえ方を紹介します

シーズン別コーディネート

春と秋の低山、夏の高山、冬の里山。季節ごとの山ウェアのコーディネート例を紹介します。どんな点に気をつければ快適に過ごせるかもポイントです。

春・秋の低山

🏔 標高〜1000m程度

Women's

歩いて
体が温まったら
ベストを脱いで

Point

季節の変わり目の春先は気温の変動が激しいので、薄手のウェアを重ねると着脱ができて体温調整がしやすくなります。ウールと化繊混紡の長袖Tシャツをベースにし、ボタンのシャツを重ねます。暑ければ腕をまくり、胸元のボタンを開けて調整。ベストは少々寒いときに体幹を保温。パンツは化繊の中厚手で温かいものを。

フード付き
ジャケットは
保温もできる
∨

Point

長袖のベースは暑い気候であ
れば、ウールと化繊混紡の半
袖Tシャツをチョイス。その
上に薄手フリース地のフード
付きジャケットを。ジッパー
の開閉で温度調節。フードを
かぶらなくとも、襟元をしっ
かり保温してくれます。ウイ
ンドブレーカーで風を防ぐだ
けでかなり温かくなります。
パンツは中厚手。

[P48]ハット：SCシールドハット／6600円　**フリースベスト**：ウェーブフリースベスト／1万5400円　**インナー**：TSウールモッ
ク／9680円　**シャツ**：TSメランジチェックシャツ／1万2100円　**パンツ**：サーモコアパンツ／1万2100円　**ソックス**：PPウー
ルソックスマルチネップ／2200円／6点ともフォックスファイヤー／ティムコ　**シューズ**：モアブ 3 シンセティック ゴアテックス
／1万6500円／メレル／丸紅フットウェア
[P49]キャップ：デイブレーク キャップ／7700円／フーディニ／フルマークス　**ウインドブレーカー**：フォルケティン エアロ60フー
ド／2万6400円　**中に着たジャケット**：フォルケティン ウォーム2オクタ フード／2万8600円／2点ともノローナ／フルマーク
ス　**Tシャツ**：アクティビスト ティー／1万2100円／フーディニ／フルマークス　**パンツ**：フォルケティン フレックス1パンツ／
2万8600円／ノローナ／フルマークス　**ソックス**：ハイク ライト クッション アンクル／2860円／スマートウール／ロストアロー
シューズ：トラバース X5 ロー GTX／3万800円／ラ・スポルティバ／日本用品

商品説明凡例：商品名／価格（税込）／ブランド／取扱い先（ブランド名と取扱い先が同じ場合は記載なし）
※取扱い先問い合わせは巻末のP175参照

夏の高山

⛰ 標高2000～3000m程度

W omen's

朝晩や風の強いときには
ウインドブレーカーを
プラス
∨

Point

吸汗速乾性の高い化繊のタンクトップをベースにすると汗の肌離れがよく、心地よく体を動かせます。その上に薄手メリノウールのシャツを。日焼け防止にアームカバーやネックゲイター、帽子とサングラス。日焼けは、疲労にもつながるので小物を使って紫外線対策を。ラップショーツにサポートタイプのタイツを組み合わせると、足さばきが快適です。

半袖シャツ：メリノウール ライト ショートスリーブシャツ Women's／8800円　**タンクトップ**：ジオライン L.W.タンクトップ Women's／2860円　**ラップショーツ**：ストレッチO.D.ラップ ショーツ／5720円　**タイツ**：サポーテックタイツ Women's／8910円　**ハット**：ウィックロンO.D.ハット／3740円　**サングラス**：トレッキンググラス／7040円　**ウインドブレーカー**：U.L.ストレッチ ウインドパーカ Women's／9130円　**シューズ**：アルパインクルーザー 800 Women's／2万3870円／8点ともモンベル　**アームカバー**：イントラニットアクティブアームスリーブ／7150円　**ネックゲイター**：アクティブウルトラライトネックゲイター／3520円　**ソックス**：ウィメンズ ハイク フルクッション サターンスフィアクルー／3300円／3点ともスマートウール／ロストアロー

Men's

アウターは
防風性の
あるものを

Point

メッシュ地のTシャツをベー
スに、和紙を織り込んだ風通
しのよいシャツをプラス。ボ
タンの開閉でも温度調節がで
きます。風対策と寒さ対策に
薄手のウインドブレーカー
を。軽量コンパクトなので手
軽に持ち運びができます。パ
ンツは薄手で風通しのよいデ
ザインを選択。帽子やサング
ラスも忘れずに。

ウインドブレーカー：ブリーズバリヤー ワイルダー ライトジャケット／2万900円　**シャツ**：ワシ+ チェック クイックドライ シャ
ツ ショートスリーブ／1万3970円　**Tシャツ**：ヘザーメッシュクルー ショートスリーブ／5390円　**パンツ**：ブリーズ メッシュ
イージー パンツ／1万7930円　**キャップ**：ティフォン50000ストレッチ レイン ワーク キャップ／7040円／5点ともミレー
ソックス：ハイク フルクッション クルー／3300円／スマートウール／ロストアロー　**シューズ**：ZG トレック GTX／3万
5200円／スカルパ／ロストアロー　**サングラス**：フォールディング トレールグラス PL／9900円／モンベル

冬の里山

▲ 雪のない山で標高〜1000m程度

W omen's

歩くときは
ソフトシェルを
脱いで

Point

歩き始めは温かめの服装がよ
いですが、登ると体がポカポ
カしてきます。アウターの着
脱で温度調整できるように。
汗をかいても冷えを感じない
吸汗速乾性のあるベースや、
適度な保温性や防風性のある
フリースやソフトシェルは必
携。帽子、ネックゲイター、
手袋を使うと全身の保温力も
アップします。

フリース：ウィメンズ アウトライト フーディ／3万800円　**長袖Tシャツ**：ウィメンズ デソリ ライト クルー／1万7600円／フー
ディ／3点ともフルマークス　**ネックゲイター**：ポーラテックマッフル／3300円／フォックスファイヤー／ティムコ　**パンツ**：フォ
ルクティン フレックス1スリム パンツ／2万7500円／ノローナ／フルマークス　**ソフトシェル**：ノマドジャケット Women's／1
万2320円／モンベル　**ビーニー**：パワー トップ ハット／5500円　**グローブ**：ウォームグリッパー For Touch Screen／
3520円／フォックスファイヤー／ティムコ　**ソックス**：ウィメンズ ハイク ライトクッション チューブストライプクルー／3080
円／スマートウール／ロストアロー　**シューズ**：QUEST ROVE GORE-TEX／2万2000円／サロモン

M en's

歩くときは
ジャケットを
脱いで
∨

Point

ウール製ジップアップタイプ
をベースウェアにします。
ジッパーの開閉で温度調節
を。フリースを重ね、更なる
防寒着として化繊綿のジャ
ケットを準備。歩き始めや休
憩時に着用するのに便利で
す。ダウンと異なり化繊綿
は多少湿っても保温力がキー
プされるのが強みです。パン
ツは厚手のものを。

化繊綿ジャケット：サーマラップ パーカー Men's ／ 1万8150円　薄手フリース：シャミースジャケット Men's ／ 5830円　ウー
ル長袖ハーフジップ：メリノウールプラスアクション ジップネック Men's ／ 1万1220円　中厚手パンツ：O.D.パンツ　Men's ／
8250円　ビーニー：メリノウール ジャカード ウォーマーキャップ／ 3630円　グローブ：シャミースグローブ Men's
／ 1980円　ソックス：WIC.トレッキングソックス／ 1870円／ 7点ともモンベル　シューズ：ランドマーク GT MID ／ 3万
4100円／ローバー／イワタニ・プリムス

 快適に歩くために

山ウェアが必要なワケ

じつはすごい機能を備えているのが山ウェア。その機能は旅先や街歩きでも
活躍します。どうして山用がいいの？ そんな疑問にお答えします。

▲▲▲ ▽ ▲▲▲ ▽ ▲▲▲ ▽ ▲▲▲ ▽ ▲▲▲ ▽ ▲▲▲ ▽ ▲▲▲ ▽ ▲▲▲

Point ❶ 動きやすい

なぜ山ウェアに動きやすさが必要か。それ
は山歩きが全身を使うスポーツだからです。
3時間程度のハイキングであっても、おそら
く1万歩以上歩きます。もし動きにくかった
ら、その一歩一歩にストレスがかかって、疲
れてしまいます。

1 ▶ カッティング

足運びがラクになるように、立体的な
裁断がされていたり、登山の動きを想定
して女性の気になるところをカバーしてく
れるパターンでつくられていたりと、着心
地のよさは歩いてみて実感できるはずで
す。さらに、カッティングや形状は、山の
自然環境に対応できるよう工夫されてい
ます。日焼け防止や防寒のために襟ぐり
が小さい、などもその一例です。

2 ▶ 素材

伸縮性素材を使ったウェアも多種あり
ます。2方向（縦もしくは横方向）に伸
縮するものや、縦横4方向に伸縮するも
のもあります。スリムフィットするデザイ
ンでも、伸縮性素材であれば動きやすく
シルエットがすっきりと見えるのもうれし
い点です。また、吸汗速乾性素材である
ことも重要。乾きが早いだけでなく、生
地が濡れたままだと動きづらいからです。

試着時は腕や足を上げ
てみたり、歩いたりし
て動きやすさ、体に合っ
ているかをチェック

体に合ったサイズを

すぐれた山ウェアであっても、自分
の体に合っていなければその機能は
いかせません。小さいと動きにくい
のはもちろん、大きすぎても登山中
に小枝などに引っかかって危ない場
合もあります。どんなウェアも試着
をすることをおすすめします。

Point ❷ 乾きやすい

乾きやすい素材であることは、とても大切です。登山中は汗や雨で濡れてしまうこともあります。濡れたウェアを身にまとっていると体が冷えます。とくに風に吹かれればあっという間です。体が冷えると、体力が奪われます。

夏の樹林帯は暑い！

樹林帯で汗をかいてウェアが濡れたまま稜線に出ると体が冷えてしまいます。

1 ▶ 素材に注目！ 化学繊維

素材の性質を表すのに、「吸汗速乾性」という言葉があります。素材が素早く汗を吸って、すぐに乾くという意味です。山ウェアの各メーカーは、吸汗速乾性素材の開発に余念がありません。ポリエステルやナイロン、ポリウレタンなどの化学繊維を使っています。繊維の編み方や織り方を工夫し、いかに吸汗し速乾させるかを研究しています。一方で綿は乾きにくい素材の代表格になります。吸汗速乾性素材のウェアと比べるとわかります。素材名はメーカーごとに違いますが、吸汗速乾性素材であることが大切です。

2 ▶ ウールも重宝

ウールには速乾性はありませんが、濡れても保温力が落ちないという強みがあります。そのため、アンダーウェアやシャツ類などを中心に、ウールを使った山ウェアがたくさんあります。山ウェアでよく使われるメリノウールは、チクチクすることが少なく、洗濯機で洗える点も優秀です。また、天然の脱臭作用があるので汗臭くなるのを抑えてくれます。保温力があるだけでなく、通気性がよいため夏山用のTシャツもあります。まさに、山ウェアにピッタリな一年中使える素材です。

Point ❸ 体温調節しやすい

山麓と山頂では気温差があります。天気が移り変わる日もあります。登っている最中と休憩しているときでは体感温度に差があります。森林限界の上と下では、日射や風、雨の影響が違います。そういったさまざまな状況に応じて体温調節しやすいように、重ね着をするのが山ウェアの基本です。体温調節ができないと、寒かったり着すぎで暑くて汗をかいたりしてしまいます。汗でウェアを濡らすと、汗冷えにつながります。

レイヤリングの基本

　山のウェアは重ね着が基本です。山の環境や気象条件に合わせて、ベースレイヤー、ミドルレイヤー、アウターと重ねていきます。

　最初に基本的なレイヤリングの実例を紹介します。それぞれに役割がありますので、役割に合ったアイテム選びが大切です。

 アイテム例（雪のない山の場合）

Tシャツ　　　アンダーウェア

肌をドライに保つ

長袖シャツ　　　フリース

保温・汗、湿気を発散させる

レインウェア　　ウインドシェル

雨や風から体温を
奪われないよう身を守る

ベースレイヤー

　肌に直接ふれるベースは肌をドライに保つ吸汗速乾性のある化学繊維かウールのものを。ベースレイヤーとアンダーウェアという言葉があり、メーカーによって区別は曖昧です。ベースレイヤーにはTシャツのように肌に直接着用できるものも含まれます。

ミドルレイヤー

　ミドルレイヤーはおもに保温と、汗、湿気を発散させる役割があります。季節や気象条件、山の標高などによってさまざまなミドルレイヤーのアイテムがあり、それぞれの長所と短所を補いながらレイヤリングします。

アウター

　アウターは、風や雨から体温を奪われないようにするのが、おもな役割です。ウインドシェルは風から体を守るために。また、「ソフトシェル」と呼ばれる、保温と防風、少しの雨にも対応というミドルレイヤーとアウターを兼ねて使えるアイテムもあります。
　登山専用のレインウェアは防風性があるので、雨だけでなく、風が強いときにも役に立ちます。透湿性もあるので汗抜けも◎。アウターとして活用できます。

行動中のレイヤリング

どんな環境にいるのか、どんな天候なのか、そして自分はそのときどんな行動をしているのか、それによってウェアをこまめに着脱します。ポイントは面倒がらないことです。森林限界を超えて寒くなる前に1枚重ね

る、登りがはじまるのであれば、汗をかく前に1枚脱ぐ。このようなこまめな着脱によって、体が冷えたり暑くなりすぎたりすることなく、快適な状態を保つことができ、疲労軽減にもつながります。

◆ 登山口

涼しく感じるくらいのウェアで歩きはじめます。すぐに体が温まってくるからです。朝は気温が低めなので厚着をしがちですが、そのまま歩くと、あっという間に汗をかいてしまいます。

◆ 休憩中

なるべく1枚羽織るようにしましょう。とくに汗をかいているときや、風の影響を受けやすい場所では、すぐに体が冷えてしまいます。出発前に脱ぎます。

◆ 樹林の中

蒸し暑い場合は、風通しのよい薄着で。日が差し込まず寒かったら薄手の防寒着を着用。森林限界を越えるころには、上空や上部の様子を観察し、上の天候を想像してください。次のアクションに備えます。

◆ 稜線

日射、風、雨の影響を直接受けます。風がある場合は、森林限界を超える前にレインウェアやウインドシェルを着るなどして対応。風はあっという間に体温を奪いますので、ひと足早めの対応が大切です。

◆ 雨

レインウェアを着用。すぐに止むかもしれないと悩んだり判断が難しい場合は、面倒がらずに早めに着用しましょう。先の天候を読むのも、また、素早くレインウェアを着脱できるようになるのも、経験です。

お気に入りを見つける楽しみ

山ウェアをそろえる

アイテム別にいろいろなタイプの山ウェアを紹介します。役割と特徴をつかんだら、ショップでお気に入りを見つけてみてください。

▲▲▲ ▽ ▲▲▲ ▽ ▲▲▲ ▽ ▲▲▲ ▽ ▲▲▲ ▽ ▲▲▲ ▽ ▲▲▲ ▽ ▲▲▲

体温調節のカナメ トップス

　半袖と長袖、襟付きシャツと襟なしのTシャツタイプ、ジッパーの有無などに大別できます。山は夏でも涼しく、紫外線も強いため長袖は重宝します。襟付きは首回りの日焼けの予防になります。首回りが大きく開いていると、バックパックのショルダーベルトが肌にふれることもあるので要チェック。ジッパーの開閉によって体温調節ができます。

Point

- ☑ 夏の長袖も重宝する
- ☑ ジッパーやボタンの開閉で温度調節を
- ☑ 試着では丈の長さをチェック

▶ Tシャツ

　首回りの開き具合、ウエストを絞った体のラインに沿ったシルエットかゆったりしたものかなど、好みによって選んでください。丈が短すぎると背中にバックパックがこすれて痛くなってしまうので、試着して、丈の長さをチェックしましょう。

Ⓦ ツリー ティー／9900円／フーディニ／フルマークス

Ⓜ メンズ・キャプリーン・クール・ライトウェイト・シャツ／6600円／パタゴニア

▶ 半袖シャツ

　襟があると首回りの日焼け防止にもなります。ボタンの開閉で体温調整ができます。ふだん使いにも下山後の街歩きにもなじむ雰囲気。シルエットはさまざまなので好みのものを。

Ⓦ ショートスリーブ アロハ ベントシャツ／1万5400円／ザ・ノース・フェイス／ゴールドウイン

Ⓜ WIC.ドライタッチ ショートスリーブシャツ　Men's／5830円／モンベル

　Ⓦ ウィメンズ　Ⓜ メンズ　Ⓤ ユニセックス

▶ 長袖Tシャツ

一枚で着用したり、半袖シャツやTシャツを重ねたり、ベースレイヤーとしてもアレンジしやすいのがこのタイプ。長袖は暑ければ腕まくりをして簡単に体温調節できる点も便利です。

Ⓦ SCクルー／8800円／フォックスファイヤー／ティムコ

Ⓜ メンズ・キャプリーン・ミッドウェイト・クルー／9900円／パタゴニア

Ⓦ ウィメンズ クータイⅡウールジップ ロングスリーブ／1万890円／ミレー

〔 ジップアップタイプ 〕

山ウェアのジッパーやスナップは、街着のそれよりも大きく開くのが特徴で、体温調節がしやすくなっています。また、帽子をかぶったまま着脱しやすい点も便利です。半袖タイプもあります。

▶ 長袖シャツ

半袖と同様に、街にもなじむのでふだん使いもしやすいアイテム。山ではTシャツの上にはおってミドルレイヤーとして、少し肌寒いときの防寒用になります。はおると腰回りを覆うので、保温性が高いです。

Ⓦ ウィメンズシルバーリッジユーティリティパターンロングスリーブシャツ／8690円／コロンビア

Ⓜ メンズ・ロングスリーブ・セルフガイデッド・ハイク・シャツ／1万2100円／パタゴニア

商品説明凡例：商品名／価格（税込）／ブランド／取扱い先（ブランド名と取扱い先が同じ場合は記載なし）

※取扱い先問い合わせは巻末のP175参照

タイプいろいろボトムス

パンツには、足首までの長い丈や、七〜八分丈のクロップドパンツもあります。ほかに短パンやスカート、キュロットなど。それぞれに強みがあると同時に弱点もあるので、行き先にあったものを選びましょう。また、生地の厚みもチェックし、季節に合ったものを着用しましょう。

Point

☑ 長さは季節や用途に合わせて選ぼう

☑ サイジングがより重視されるアイテム

☑ 試着して動きやすさをチェック

▶ ロングパンツ

伸縮性のある生地を使ったり、膝回りが立体裁断になっているなど、動きやすくつくられています。試着の際に足の上げ下げをして、サイズや動きやすさを確認しましょう。ウエスト回りはボタン、ゴム、ベルトなどさまざま。季節によっても生地の厚さを調整を。最初の一本は3シーズンものにして、寒い冬にはアンダータイツを履くとよいでしょう。

Ⓦ ダイナトレックパンツ／1万2100円／フォックスファイヤー／ティムコ

Ⓜ メンズ・ポイント・ピーク・トレイル・パンツ（レギュラー）／1万8700円／パタゴニア

Ⓜ メンズ ノローナ トレーニング パンツ／2万8600円／ノローナ／フルマークス

▶ クロップドパンツ

七〜八分丈のクロップドパンツは、足元は素肌を出すよりも、長めのソックスを履いたほうが、日焼けやケガの予防になります。試着では裾回りを確認し、足さばきがよいものを選びましょう。ドローコードで調整できるものもあります。

Ⓜ O.D.パンツ ライト ニーロング Men's ／ 7370円／モンベル

Ⓦ ウィメンズ・ハッピー・ハイク・ステューディオ・パンツ／1万4300円／パタゴニア

▶ ショートパンツ

試着して足の上げ下げをし、ツッパリ感がないか確認します。タイツと組み合わせたとしても、膝下をケガや風などから守るチカラは、ロングタイプより劣ります。キュロットやスカートも同様ですが、ショート丈のボトムスは、涼しさや足さばきを優先したい季節や山に行くときに選ぶとよいでしょう。

Ⓦ ウィメンズ フォルケティン フレックス1ショーツ／1万6500円／ノローナ／フルマークス

Ⓜ カッシュマンショーツ／6930円／コロンビア

▶ キュロット

一般的なキュロットタイプのほか、一見するとスカートのようで内側がパンツになっているタイプもあります。スカートに比べて腰回りなどサイズが合っているかが重要になるので、試着して足の上げ下げにストレスがないか確認してください。

Ⓦ ウィメンズスプリングクリークⅡキュロット／7700円／コロンビア

▶ スカート

ファッション性が高い、あるいはトイレのときに便利、といった理由で女性に人気のアイテム。伸縮性のある生地やシルエットに工夫があり、歩きやすくなっています。

Ⓦ ウィメンズ マウンテン ストレッチ ラップ キュロット／1万6940円／ミレー

Ⓦ ストレッチ O.D. スカート／5060円／モンベル

ウィメンズ クラシック
オールシーズンメリノ
ベースレイヤー ボトム／
1万2870円／スマート
ウール／ロストアロー

ライトトレールタイツ
Women's ／ 3457円／
モンベル

▶ タイツ

　タイツは寒いときにロングパンツなどの下に重ね着するタイプもの（写真左＝ウール、写真右＝化学繊維）のほか、筋肉をサポートするタイプもあります（▶P126）。スカートやキュロット、ショートパンツを履く場合は、いずれかのタイプのタイツと組み合わせ、素肌を日焼けやケガから守るようにしましょう。防寒にもなります。

Point

ショート丈ボトムスは、気象条件と行く山しだいで

　ショート丈のボトムスは、タイツと組み合わせて履くのが一般的です。岩場や急な上り下りがあるような山ではショートパンツやキュロット、高原や木道歩きではスカートも足さばきがよく軽快に歩けるでしょう。
　ただ、山スカートは、レインウェア着用のときは脱ぐことになります。気象条件によってはロングパンツの選択を。

▶ ソックス

　登山靴の中は意外に汗をかきます。ウール（写真右）や吸汗速乾性のある化学繊維（写真左）の登山用ソックスを選びましょう。クッション性もあります。湿ると乾きにくい綿素材やサイズが合っていないソックスは、靴の中でよれて靴ずれの原因になります。

WIC.トレッキング
ソックス Women's
／ 1650円／モンベル

ハイク ライトクッション クルー／3080円／スマートウール／ロストアロー

素材にこだわるアンダーウェア

いちばん下に着用し、肌に直接ふれるものなので重要視しましょう。日常で使っている綿のものでは、汗などで濡れると乾きづらく寒くなります。なるべく、化学繊維やメリノウールを使った登山用、スポーツ用のものを選びましょう。化学繊維は濡れても乾きやすいです。メリノウールは多少の濡れであれば保温性が維持されます。いちばん下に着るものに速乾性や保温性がないと、いくらその上に重ね着をしても温まりません。

ショーツやブラジャーのほか、シャツタイプのアンダーウェアやタイツもあります。素材の化学繊維とメリノウールには、それぞれに特徴があります（▶P64〜65）。着心地も異なるので、できれば両方試して好みのものを使うのがよいでしょう。メリノウールには防臭性もあるため、複数泊する登山でも快適です。

季節や登る山によって厚さを選びますが、化学繊維とメリノウールは薄手でもかなりの保温力があるのが優秀な点です。軽量でコンパクトになるので、行動中に着用する予定がない場合でも、1セット持っていくと心強いでしょう。ウェアが濡れてしまったときや、山小屋に到着しても体が温まらないときなどに着用すると、保温できます。

山ウェアをそろえる

▶ 用途・季節に合わせて　厚さもいろいろ

メーカーごとに厚さの表記は違いますが、薄手（Light）、中間の厚さ（Mid）、厚手（Expedition）と3段階に分けているところがほとんどです。厚さを数値表記しているメーカーもあります。夏山用のパンツを1本買い、秋や冬は寒さに合わせて内側にアンダーウェアを着用し調整して、パンツを通年使うなど、アンダーウェアを活用して、一着のウェアの汎用性を広げることもできます。

Light

薄手。夏をはじめふだん使いなど通年活用できます。レイヤリングも容易。薄手とはいえ保温力もあり、初心者にはこのタイプがおすすめです。

Mid

中間の厚さ。冬期、雪山など気温の低い場面で使います。寒がりの人は試してみても。ミドルレイヤーを薄手にするなど、組み合わせで調節することもポイントです。

Expedition

厳冬期の北アルプスやヒマラヤなどの高所登山で使うような厚さです。ハイキング用としては、オーバースペックとなります。

Point

☑ ウェアのカナメ、重要視しましょう

☑ 万がーに備えて1セット携帯を

☑ ショーツやブラも登山用を

▶ 化学繊維　◆ 各メーカーがオリジナル素材を開発

　化学繊維の強みは、汗などで濡れても乾くのが早い点です。天然素材と比べると、濡れたあとの臭いがやや気になります。

　各メーカーがオリジナルの素材を開発して、登山用のアンダーウェアを製造しています。素材の名称はメーカーごとに異なります。ポリエステルが多いですが、強度や伸縮性を出すために、ほかの素材を混紡させたものもあります。また、メリノウールとの混紡や、化学繊維とメリノウールの2層のものもあります。これらは、化学繊維とメリノウールそれぞれの長所をうまく引き出します。

　編み方や織り方を工夫することにより、いかに素早く汗を吸収し、ウェアを乾燥させるかが考えられています。それにより汗が肌から離れ、体が冷えるのを防ぎます。

　さらに進化したものに、メッシュタイプ（写真下段左と中央）もあります。肌に接する面積が抑えられるので、汗の肌離れにすぐれています。メッシュには厚みもあり空気層ができるため、見た目よりも保温力があります。各メーカー、半袖、長袖Tシャツ、ボトムスなどをシリーズで出しており、防臭機能、紫外線防止加工が施されているものもあります。

ジオライン クールメッシュ
キャミトップ Women's
／2530円／モンベル

ウィメンズ・キャプリーン・
クール・デイリー・タンク
／4400円／パタゴニア

OUTLINE SS TEE M
／4950円／サロモン

ウィメンズ ドライナミック
メッシュ タンクトップ／
5830円／ミレー

ドライナミック メッシュ
3/4スリーブ クルー／
6160円／ミレー

ウィメンズ UVタイツ／
4950円／ミレー

▶ メリノウール ◆ 一年を通して活躍する天然素材

汗をかいたあと冷たい風に吹かれるようなシーンでは、化学繊維の速乾性が追いつかない場合もあります。その点ウールは濡れても保温力があるので安心です。天然脱臭効果で汗の臭いが気にならない点も強みです。

メリノウールのアンダーウェアも化学繊維同様、薄手から厚手まであります（▶P63）。

薄手は夏の高山でも活躍します。春秋の重ね着にも便利です。中間の厚さのものは、春秋の寒い日や冬に役立ちます。ウールを夏に着るというと、暑苦しいのではないかと思われがちですが、繊維自体に温度や湿度を調整

する機能があるため夏山でも使いやすく、一年を通して活躍します。

メリノウールは羊毛のなかでも、細い毛を使っています。そのためウール特有のチクチク感が少なく、肌にふれても快適であるため、アンダーウェアに適しています。繊維一本一本にストレッチ性があるため、フィット感もあります。

防臭性にすぐれているため、山小屋泊まりの登山の場合でも、1枚持っていけば充分、安心して使えます。自宅の洗濯機で洗うことも、心配ありません。

W サイレン キャミ／8250円／アイスブレーカー／ゴールドウイン

W ウィメンズ アクティブウルトラライトハイネックタンク／6380円／スマートウール／ロストアロー

U 150 ショートスリーブ ポケット ティー ユニセックス／1万3750円／アイスブレーカー／ゴールドウイン

M メンズ クラシックオールシーズンメリノベースレイヤー ボトム／1万2870円／スマートウール／ロストアロー

デイリーにも活用できる！
夏の冷房対策にも活躍

登山用のアンダーウェアは軽量で乾きやすいので旅にも最適です。旅の途中で洗濯をしても短時間で乾きます。メリノウールは防臭性もあるので、翌日に着ても不快感はあまりありません。また、汗をかく夏、オフィス内や電車での冷房対策には、保温性、体温調節、防臭性にすぐれたメリノウールが活躍します。一度登山用のアンダーウェアを使うとその着心地や便利さに驚き、手放せなくなるはず。ふだん使いにもぜひ活用してください。

ウェアはしっかりと登山用をそろえても、ショーツやブラジャーは日常使いのもの、という声をよく聞きます。肌にふれるインナーこそ素材にこだわりたいところです。女性のお尻も胸も脂肪が多いので、濡れたままではすぐに冷えてしまい、なかなか回復しません。登山用の化学繊維やメリノウールのインナーを着用すれば、その心配もありません。

また、登山の動きを想定してつくられていますので、ふだんのものよりも動きやすいです。スポーツ用のブラジャーと同じように肩ひもを調整する金具や背面のホックがなく、

バックパックと干渉することもありません。前面にホックがあるタイプもあり、山小屋での着脱に便利です。ショーツは、男女ともどもさまざまな形があります。ボクサータイプは、保温性に優れ、ズレも起こりにくいです。

写真上段左は化学繊維、上段右と下段はメリノウールのアイテムになります。P64の化学繊維のページで紹介したメッシュタイプのショーツやブラカップ付きのメッシュタイプシャツもあります。汗離れがよいうえに保温性もあり、季節を問わずに使えます。登山用インナーの2枚目に、お試しください。

Ⓦ ウィメンズ・ベアリー・エブリデー・ブラ／6820円／パタゴニア

Ⓦ ウィメンズ イントラニットストラッピーブラ／9240円／スマートウール／ロストアロー

Ⓦ ウィメンズ・ベアリー・ヒップスター／3300円／パタゴニア

Ⓦ ウィメンズ イントラニット ビキニ／4840円／スマートウール／ロストアロー

Ⓜ アナトミカ ボクサー ウィズフライ／6600円／アイスブレーカー／ゴールドウイン

Ⓜ アナトミカ ブリーフ／5500円／アイスブレーカー／ゴールドウイン

ツヨミとヨワミを知って選ぶ防寒着

防寒着は、それぞれにいろいろな厚み、保温力があります。ポイントは、各アイテムのツヨミとヨワミを知り、気象条件や天候によって、ヨワミを補い合うレイヤリングを意識してチョイスすること。また、防寒着は、厳しいコンディションを想定して準備するのが原則です。気温が下がる予報が出れば多めに。緊急時に備えた防寒着を、予備として用意します。

Point

- [x] 厚さと素材の掛け合わせでチョイス
- [x] 化繊綿は濡れに強く、ダウンは弱い
- [x] ウインドシェルで風を防ぐだけでも体感温度アップ

▼ ▼ ▼ ▼ ▼ ▼ ▼ ▼ ▼

▶ フリース

ツヨミ

- 速乾性に優れている
- 通気性、汗抜けがよい ・軽量

ヨワミ

- 通気性があり風に当たると寒い
- かさばる（厚手のものはとくに）

どんな時？

- 無風快晴の行動中
- 風があれば、シェルやレインウェアと重ね着

フルジップのジャケットタイプと、アウターと重ね着しやすいジップアップのプルオーバーなどのデザインがあります。

生地の厚さをみると、厚手はアウターとして晴天時の冬のハイキングほか、街でも活躍します。薄手〜中厚手は、春、秋〜冬の低山、夏の高山などオールシーズン使えます。アウターにもなり、また重ね着もしやすいので出番が多いです。

Ⓦ ウィメンズ・R1エア・フルジップ・フーディ／2万2000円／パタゴニア

Ⓜ メンズ モノ エア プルオーバー／2万9700円／フーディニ／フルマークス

Ⓜ クリマエア ライニング ジャケット Men's／1万3200円／モンベル

67

▶ ダウンジャケット

ツヨミ

- 軽量コンパクトになる ・保温力が高い

ヨワミ

- 濡れると保温性を失う→完全防水パックを
- 行動中は汗で湿ることもあるので向かない

どんな時？

- 山小屋やテント場で
- 休憩時など歩いているとき以外

　薄手のタイプは、春秋向けです。また、夏の高山ではお盆を過ぎるころから秋風が吹くようになるので、薄手が便利です。重ね着するにも適しています。厚手は１枚で充分に防寒できるもの。冬に重宝します。フードはかぶると温かく、かぶらなくても首回りの保温になり、体感温度がアップします。

Ⓜ アルパインダウン ジャケット Men's／１万9800円／モンベル

Ⓦ ライトアルパインダウンパーカ Women's／１万8260円／モンベル

☞ フィルパワーとは

ダウンの保温力がわかる

　ダウン１オンス（28.3g）あたりのふくらみ度合いを立方インチ（2.54cm立方）で表した値。800フィルパワーは、１オンスのダウンが800立方インチの体積に膨らむことを意味します。数値が大きいほど、保温力が高く良質なダウンとされています。登山で使うのはおおよそ600〜1000フィルパワー。

▶ ソフトシェル

　生地は柔らかくストレッチが効いています。透湿性とある程度の防風性を備え、少々風のある稜線では、防風性と保温性が発揮されて便利。完全防水ではありませんので、レインウェアの代わりにはなりません。

Ⓦ フォルケティン オクタ ジャケット W／3万800円／ノローナ／フルマークス

▶ 化繊／化繊ミックスジャケット

> **ツヨミ**

- お手入れがラク
- 濡れても保温性を失いにくい

> **ヨワミ**

- ダウンよりは保温力が落ちる

> **どんな時？**

- 行動中のいつでも
- 休憩、山小屋、テント場いつでも

汗濡れでも保温性を失いにくいので場面を問わずに着用できます。通気性、伸縮性に富んだ表生地であれば動きやすいですが、風に弱いのがデメリット。アウター使いを想定し、撥水性や耐風性のある生地を使ったもの、ダウンとのミックスのタイプ（写真右）もあります。厚さによって、重ね着や一枚使いなど、使い分けてください。

ⓦ ウィメンズ・ナノ・パフ・ジャケット／ 2万8600円／パタゴニア

Ⓜ サンダージャケット／ 2万9700円／ザ・ノース・フェイス／ゴールドウイン

▼ ▼ ▼ ▼ ▼ ▼ ▼ ▼ ▼ ▼ ▼ ▼ ▼ ▼ ▼ ▼ ▼ ▼

ⓦ ベンチャージャケット／ 1万8700円／ザ・ノース・フェイス／ゴールドウイン

▶ ウインドシェル

風から身を守ることを第一目的としたのがウインドシェル。撥水性のみのタイプのほかに、防水性を備え、防水ジャケットとして、また風よけとして使用できる汎用性の高いシェルもあります（左写真）。軽量コンパクトになるタイプが多いので、1枚持っていると便利。風があるけれどレインウェアは暑すぎる、というときにさっとはおることができます。

レインウェア

雨と風から身を守ってくれるのがレインウェア。天気の急変もあるので、
出発のときに晴れていても、必ずバックパックへ入れましょう。

▲▲▲ ▼ ▲▲▲ ▼ ▲▲▲ ▼ ▲▲▲ ▼ ▲▲▲ ▼ ▲▲▲ ▼ ▲▲▲ ▼ ▲▲▲

雨の濡れから体を守る役割

　山で雨に降られたときは、レインウェアを着用します。傘は両手がふさがって不便で危ないですし、横からの雨を防ぐことはできず濡れてしまいます。風にあおられて、傘がさせないときもあります。観光地で売っているポンチョ型のカッパでも用が足りません。防水性がなく、長時間雨に打たれると浸み込んできます。

　登山用レインウェアは完全防水でなければなりません。ほかにも透湿性や防風性、耐久性、動きやすさも必要です。襟元や袖口などから雨が浸入しないように、デザインも工夫されています。雨でウェアや体が濡れてしまうと、一気に冷えます。水（濡れ）は空気の6倍の速さで冷えるといわれています。体が冷えると体力が奪われ、危険です。山で重要なことは、濡らさないこと。雨から身を守るレインウェアが必要です。

Point

- ☑ 防水透湿性素材を選ぶ
- ☑ 上下セパレートが基本
- ☑ 山ではシンプルな方法で着脱を

山のレインウェアの条件

▶ 完全防水である

　長時間、雨に打たれても浸み込まない完全防水素材が使われています。観光用のカッパに使用される素材とは異なり、表面的に撥水するだけではありません。また、襟元や袖口、ジャケットの裾、パンツの裾の形状にも工夫がされています。たとえば低い襟ではなく、充分な高さがあり、雨が入り込みづらいデザインになっています。日常のウェアで使用しているジッパーでは雨が浸み込んでしまうので、止水機能のあるジッパーを使用しています。

▶ 透湿性が保たれている

雨が降り気温が下がっていても、歩いていると汗ばみます。観光用のビニールカッパでは、汗で蒸れて、ウェアや体が濡れてしまいます。それでは、雨による濡れを防いでも、体が冷えてきます。濡れて体が冷えると、回復させるのも難しく、危険につながります。

登山用のレインウェアは、こういった蒸れを素早く外に出す素材を使っています。このような機能を「透湿性」といいます。下図にあるように、外からの雨を防ぎ（防水性）、か

つ内側の蒸れは外に出せるという仕組みです。不思議に思うかもしれませんが、雨粒のような大きな粒子の浸入は防ぎ、湿気のようなもっと小さな粒子は外に出るような、孔が空いています。孔は顕微鏡でのぞかないとわからないようなサイズです。

防水性だけを備えたレイン用の製品は、日常使いにはよいですが、登山では役立ちません。この透湿性こそが、登山用レインウェアのカギとなり、各メーカーの開発も進みます。

☞ 防水透湿性イメージ

雨のような大きな粒が外から入ることを防ぎ、蒸れのような小さな粒は外に放出させるという2つの機能を兼ね備えたのが「防水透湿性」素材。登山のレインウェアには必要な機能。

汗　風　雨　表地　肌面　防水透湿性素材

KNOWLEDGE　防水性は外の水を中に入れずに防ぐ機能。撥水性は生地表面で水分をはじく機能。撥水性がないと生地表面に水分がたまり、冷えた生地が体を冷やしてしまいます。登山用レインウェアには防水性と撥水性の両方が必要です。

▶ 上下セパレート

登山用のレインウェアは、上下セパレートタイプです。ジャケットとパンツに分かれています。観光用のポンチョ型は登山には向きません。その理由はいくつかあります。

ひとつは風が吹いたときに不利です。ポンチョが捲れ上がって雨が浸入してきます。体にフィットしていないので、風が吹かなくとも、襟元や裾から雨が浸入します。これでは

レインウェアの重要な役目である「防水性」が保たれていません。また、ポンチョのような形だと、歩いているときに枝や岩にひっかかるおそれもあります。そうなるとウェアが切れてしまったり、転倒のおそれもあります。

一方でセパレートタイプであれば、ポンチョのような危険はありません。体にフィットして動きやすいです。

レインウェアの活用のコツ

▶ 購入時にサイズチェック

　サイジングが重要です。サイズが大きくても小さくても動きづらいもの。購入時には必ず試着しましょう。レインウェアの場合、ほかのウェアを着た上から着用するので、その分も見込んでください。

　手足を動かして、サイズを確認しましょう。手を上げるとジャケットの裾からお腹が出てしまうのでは役立ちません。パンツは足を大きく上げて、動きやすいかどうか確認してください。山では、ときには大きなステップを越えていくこともあることを想定しましょう。上下別売りもあります。

▶ 安全な場所で着脱

　レインウェアの着脱にはそれなりの手間と時間がかかります。まずは、安全な場所を選んでください。細い登山道や雨風が強いところ、落石がありそうなところは適していません。着脱時は無防備になりがちですので、とくに注意しましょう。雨が降り出したら、あるいは降りそうだったら、早めに着るのも大切です。

←バックパックからレインウェアを出し入れしますが、開けっ放しにはしないように。雨で中身が濡れてしまいます。降ったり止んだりするたび、こまめに着脱するのも上達のコツです。

▶ シンプルに効率よい着脱を

　雨が降り出したら、なるべく濡れないように素早く着用したいですね。そのためには工夫が必要です。購入時につくスタッフバッグは不要。ジャケットやパンツの裾のジッパーは、出発前の準備時に開けておく。それらをたたんで、ジャケットのフードで包むようにまとめてパッキングします。山でスタッフバッグから出す、ジッパーを開けるという作業を減らします。山での作業はなるべくシンプルにすることが重要です。

　時間を節約し行動を早くすることは安全にもつながります。慣れも必要なので、最初は上手くいかなくても繰り返すうちに、素早く行動できるようになります。

Ⓦ 代表的な防水透湿性素材、ゴア
テックスを使用。ストームク
ルーザー ジャケット Women's
／2万5300円　ストームク
ルーザー パンツ Women's
／1万6500円／モンベル

Ⓜ ゴアテックスを使用。メンズ
フォルケティン ゴアテックス
パックライト ジャケット／5
万2800円　フォルケティン
ゴアテックス パックライト パ
ンツ／4万6200円／ノロー
ナ／フルマークス

Ⓦ メーカー独自の防水透湿性素材
を使用。ウィメンズエンジョイ
マウンテンライフジャケット／
3万800円　ウィメンズエン
ジョイマウンテンライフレイン
パンツ／1万9800円／コロ
ンビア

▶ お役立ちレイングッズ

◆ ゲイター

レイン用のゲイター（ほ
かに雪山用や砂ぼこりを
防ぐもの専用がある）。
レインパンツの上に重ね
て足元の浸水や泥はねを
ガード。

Ⓤ トレッカーズゲイター 8580
円／ザ・ノース・フェイス／ゴー
ルドウイン

◆ レインハット

小雨のときはジャケット
フードをかぶらずにレイン
ハットを着用すると、
蒸れも防げて快適。フー
ドの下に着用すると、つ
ばでフードの形を保てる
ので便利です。

Ⓤ GORE-TEX プリントハット
／5170円／モンベル

👉 デニールと
重さの関係

安全のために、
省いてはいけない「重さ」

　レインウェアの生地の厚さはデ
ニール（D）という単位で表します。
20～40Dが平均的でそれ以下のも
のはトレイルランニング用など。夏
の北アルプス縦走を想定する場合、
30D以上が理想と考えます。少なく
とも20D。薄いほうが軽量でコン
パクトですが、高山の冷たい雨、寒
さには相応の厚さが必要です。

商品説明凡例：商品名／価格（税込）／ブランド／取扱い先（ブランド名と取扱い先が同じ場合は記載なし）

※取扱い先問い合わせは巻末のP175参照

全部そろえるのは大変だけど

これだけはNGの山ウェア

最初から山ウェアをそろえるのは大変です。そんなときは、「これだけはNG」を
理解し、手持ちのアイテムから、山でも着られるものを探してみましょう。

▲▲▲ ▽ ▲▲▲ ▽ ▲▲▲ ▽ ▲▲▲ ▽ ▲▲▲ ▽ ▲▲▲ ▽ ▲▲▲ ▽ ▲▲▲

手持ちのアイテムを活用するには

山用のウェアの機能性の高さはわかって
いても、最初からすべてそろえるのは大変で
すね。スポーツ用などの手持ちのアイテムに
も登山に使えるものがあるはずです。ここで
は、快適、安全に歩くために登山では避けた
ほうがよいケースを紹介します。また、登山
に適した素材やにもふれますので、これらを
参考に、最初は手持ちのなかから、登山に使
えるものを探し、試しに使ってみてくださ
い。その後、少しずつ登山専用ウェアをそろ
えるとよいでしょう。

Point

- ☑ インナーは素材重視
- ☑ 行き先によっては日常使いもOK
- ☑ ファストファッションも使い方しだい

▶ ジーンズはNG

屋外での活動に向いているイメージのある
ジーンズですが、コットンでできたジーンズ
は、濡れるとなかなか乾かず体が冷えてしま
います。また、重たくなって伸縮性も失われ、
とても動きにくくなります。動きづらいと、
一歩一歩に負担がかかり疲労も増します。

▶ 肌の露出が多いウェアはNG

登山は終日野外で過ごします。肌の露出が
多いと、日焼け止めを塗っても紫外線の影響
を大きく受けます。日焼けは火傷の一種で、疲
労を加速させ、ひどいときには脱水症状も起
こします。すり傷や虫刺され予防のためにも、
ノースリーブや素足に短パンは避けましょう。

▶ 全身まっ黒はNG

　ハチは黒色に寄ってくるといわれています。ハチに刺されアナフィラキシーショックを起こすと、生命に関わります。黒いシャツにパンツ、黒のバックパックは好ましくありません。スズメバチの活動が活発な季節は、黒髪をカバーするためにも帽子をかぶりましょう。

▶ 重ね着ができない服はNG

　厚手のダウンジャケットを持っているから心配ない！　とそれだけを防寒着にするのは不適切です。その一枚を着るか脱ぐかしかなく、極端な温度調節しかできません。もう少し薄手のものを、重ね着をして、少しずつ調整できるようにするのが、快適に山を歩くコツです。

でも、全部はそろえられない！ どうしたら？

「Q 山用ではないけれど、OKな素材は？」

> A ポリエステル、ポリウレタンはOK

　化学繊維のなかでも合成繊維のポリエステル、ポリウレタンは登山用ウェアでも使われる素材なのでOK。再生繊維（＝レーヨン、キュプラなど）は、吸水性はあるものの、乾きが遅いという特性があるため、大量の汗をかく山歩きには不向きです。ジョギングなどのスポーツウェアを持っていれば、素材をチェックしましょう。動きやすくつくられていますので、登山でも着られるものがあるはずです。

「Q ファストファッション系のウェアは？」

> A 使い方によってはOK

　ファストファッションや作業着系の量販店にも、登山用のウェアに近いものが売っています。また、登山用よりも安価なため、手が出しやすいことも。
　これらのウェアの弱点は、登山用にはつくられていないため、耐久性が劣る場合があります。また、デザイン的に見て、登山に適さない点もあります。たとえばフリースジャケットの襟回り。登山用であれば、防寒性を高めるために日常使いのものよりも襟が高くデザインされています。日常のものは、登山用ほど高くないため、寒さを防ぎきれません。このように見ると、登山用は優秀です。登山用以外のウェアは、終日晴れの日の低山や、高低差の少ないコースで使ってみるのは、よいと思います。

山ウェアのお手入れ

機能性や品質、デザインにもこだわって選んだ山ウェアは、長く着たいですね。
こまめなお手入れでその性能を維持することができます。

▲▲▲　▼　▲▲▲　▼　▲▲▲　▼　▲▲▲　▼　▲▲▲　▼　▲▲▲　▼　▲▲▲　▼　▲▲▲

お手入れ ❶　ダウン

　ダウンの羽毛は汗やホコリを吸うと、束になり空気を含むことができなくなって保温性が低下します。汚れが気になったら洗濯を。ドライマークのついたものはクリーニングに出しますが、自宅で洗濯できるものもあります。

ダウンや化繊綿を使用した中綿入りウェアの洗濯に適した洗剤。汗や皮脂などの汚れを落とし、高機能素材の性能を長持ちさせる。O.D.メンテナンスダウンクリーナー　300mL ／ 1430円／モンベル

◆ お手入れの前に

　洗濯表示を見て洗濯機・手洗い、また、乾燥機がOKか確認を。メーカーによって洗濯方法が異なります。合成洗剤など家庭用洗剤は、ダウンの天然油分まで落とし保温性を低下させるおそれが。中性洗剤を使います。ダウン専用洗剤なら安心です。山ウェアのお手入れについては、モンベルウェブサイトなど（https://support.montbell.jp/maintenance/）各メーカーのウェブサイトが参考になります。

1 部分洗いをする

汚れがひどい襟ぐりなどは、水に溶かした洗剤をスポンジに含ませ拭き取ります。通常のお手入れは部分洗いのあとに陰干しし、湿気をとるだけでもOK。

手洗いの場合

2 押し洗いをする

洗い桶に水かぬるま湯を入れ洗剤を溶かし、ダウンを浸す。ダウンは水面に浮いてきてしまうので、何度も押し洗いし、洗濯液を全体に浸透させます。

3 ていねいにすすぐ

洗い桶の水を流し、ダウン内部の水が自然に抜けるのを待ちます。さらに軽く巻き上げ水を絞ります。きれいな水で繰り返します。

洗濯機の場合

2 ネットに入れる

ボタン、ジッパー類はすべて閉め、コードは緩めネットに入れます。

3 洗濯機へ

通常の洗濯・すすぎを行います。

4 脱水・乾燥機で乾燥させる

柔軟剤は使わない!

ジッパーを広げ洗濯機で脱水。乾燥機（低温）で、乾燥させます。途中で何度かパンパンと叩くと羽毛の偏りを防ぎ、ふんわり仕上がります。

5 風通しのよい場所で湿気を完全にとる

ダウン内部に湿気が残っている場合があるので、1週間程度は保管袋に入れず、風通しのよい場所でハンガーにかけておきます。その後、袋などに入れる場合は通気性のあるものに。

レインウェアは洗濯するものかわからず、自然乾燥させてまた山へ持っていく、という人も多いのでは？　登山用のレインウェアは、外からの水は通さずに中の湿気は逃がす性質をもった、防水透湿性素材でできています（▶P71）。防水性は繰り返し着用しても極端に落ちることはありませんが、撥水性は泥やホコリ、摩擦によって低下します。撥水性が低下すると、生地の表面を水でふさいでしまい、ウェア内の湿気を充分に外に逃がすことができずに結露。雨に濡れるのではなく、ウェア内の湿気で濡れてしまうことになるのです。

つまり、レインウェアの性能を長持ちさせるには撥水性の回復が大切。そのためには使うたびごとの洗濯が理想です。

自然のなかで身を守るレインウェア。しっかりお手入れを

Point 👉 レインウェアの性能を保つには、撥水性を保つメンテが必要!

◆ お手入れの前に

洗濯表示を確認し、洗濯機使用か、手洗いができるか確認します。たとえばゴアテックス素材でも、メーカーによって洗濯機で洗えるものとそうでないものがあります。メーカーオリジナルの素材の場合も、洗濯表示に従います。

洗濯機で洗えないと思っていたという声をよく聞きますが、多くのレインウェアが洗濯機で洗えますので、洗濯表示のチェックをしてみましょう。

◆ 化学繊維専用の洗剤なら安心

洗剤は中性洗剤を。防水透湿性を損なわない化学繊維専用の洗濯洗剤なら安心です。

防水透湿性素材をはじめソフトシェルやフリースなど高機能ウェア専用の洗浄剤。家庭用洗剤と比べて、すすぎのあと洗剤成分が残りにくく撥水性能を回復しやすい。プロクリーナー／1650円／ギアエイド／スター商事

1 はじめに

汚れがひどい部分は、洗剤を直接塗ります。

手洗いの場合

2 押し洗いをする

ジッパー類は閉じ、フードは出して広げ、コードは緩めた状態にします。洗い桶にレインウェアが浸かるぐらいの水またはお湯を入れ、規定量の洗剤を溶かします。レインウェアを入れ、ていねいに押し洗いします。

3 洗剤が残らないよう 何度もすすぐ

洗剤が残っていると撥水性の低下の原因になります。

洗濯機の場合

2 ネットに入れる

ジッパー類はすべて閉め、フードは収納袋から出して広げます。コード類は緩めた状態でネットに入れます。

3 弱コースで洗濯・すすぎを

すすぎはしっかりと。脱水はしません。防水性素材は水が浸透せず強い遠心力がかかるため、洗濯機の故障の原因になります。

4 乾燥機で乾かすor 陰干し＋ドライヤーをあてる

撥水性は熱を加えることで回復します。洗濯表示を確認したうえで、乾燥機で乾燥。乾燥機が×の場合は、陰干しで自然乾燥後にドライヤーをあてます。

5 日ごろのお手入れで、撥水性が落ちてきたなと思ったら

すすぎ後の濡れた状態で撥水スプレーを全体にかけます。その後乾燥機へ。撥水性が復活すると右の写真のような状態になります。ほかに浸け込むタイプの撥水剤もあります。

防水透湿性素材を使用した高機能ウェアにも適したスプレー式の撥水剤。水分だけでなく油分や汚れもはじく効果あり。デュラブルウォーターリペレント／2420円／ギアエイド／スター商事

写真提供（一部）＝スター商事

低体温症について知る

低体温症は寒い時期だけでなく、夏でも起こります。
山に適したウェアが身を守ってくれることを知っておきましょう。

「濡れ」＝山歩きでは重大問題

「ウェアを濡らさないように」「濡れると体が冷える」。これを知ることは、登山においてとても大切です。山歩きでウェアが濡れる原因のひとつは、雨などの外からの濡れです。これは、完全防水性のあるレインウェアで防ぎます。もうひとつは汗による濡れです。汗をかく前に１枚脱ぐ。汗をかかないよう自分の体力にあったペースで歩く。透湿性のあるレインウェアを着る。これらによって汗濡れを防ぎます。

濡れ＝水分は空気よりも６倍速いスピードで冷えていきます。ウェアが濡れるとあっという間に体が冷えると考えてください。風に吹かれた場合もイッパツです。濡れは、体力を奪います。濡れて寒くなると、人はガタガタと震えます。この震えは、自分で熱をつくり出そうとしているのです。しかし、さ

らに冷えが進むと、熱をつくり出すことすらできなくなり、震えが止まります。やがて死に至る重度の低体温症です。ここまで進行すると、医療機関で専門の治療を受けない限り回復しません。しかし、山のなかではすぐに治療は受けられません。

低体温症の原因を取り除く

低体温症の原因は濡れ、寒さ、風、エネルギー不足です。予防は４つの原因を排除することです。つまりウェアを濡らさない。防寒着で寒さに備える。防風性のあるウェアを着用。充分に食べることです。低体温症は夏でも起こりえます。2009年7月、北海道トムラウシ山で遭難した９人は、低体温症が原因でした。前述のように重度の低体温症は山では回復できません。進行すると、判断力を失います。低体温症に陥らないよう予防することが重要です。

低体温症は自分の注意で、防ぐことができます。

山で雨にあったときは、防水性と透湿性を兼ね備えた登山用の
レインウェアを着用しましょう

一般社団法人「ウィルダネス メディカル アソシエイツ ジャパン」が発行する傷病者発生時、救助要請判断や情報引き継ぎ用の「緊急判断・通報シート」。裏面に、体温を奪う４つの経路とカロリー摂取について解説がある。フリーダウンロードできる

4章

山　道　具

登山靴やバックパックなど、
よき相棒を見つければ、楽しみも倍増です

楽しい山歩きはコイツしだい

登山靴

登山靴売り場には、いろいろなタイプがズラリと並んでいます。デザインや色で選びがちですが、ここは専門スタッフに相談するのがいちばんです。

▲▲▲ ▽ ▲▲▲ ▽ ▲▲▲ ▽ ▲▲▲ ▽ ▲▲▲ ▽ ▲▲▲ ▽ ▲▲▲ ▽ ▲▲▲

専門店でじっくり選びたい自分の一足

　登山の道具はどれも重要ですが、なかでも登山靴はカナメとなるものです。山に登る日は、いったい一日で何歩歩くのか想像してみましょう。日常生活では歩かないような歩数を歩くことになります。木の根っこや岩が露出していたり、ぬかるんでいたり、滑りやすかったり、いろいろなコンディションの道を、一日通して歩き続けるのです。

　自分の足に合った靴、登る山に見合った靴を選んでこそ、快適にそして安全に歩き通すことができます。

　登山靴は、アッパーやソールの形状、堅さなどにそれぞれに特徴があります。さまざまなタイプの登山靴がどの山に適しているか、特徴はどんな点にあるかを専門店のスタッフは熟知しています。専門店のスタッフや登山ガイドなど専門知識のある人に相談し、時間を惜しまずに、じっくりと探しましょう。まずは、自分がどんな山に登りたいのか、イメージしてみてください。

はじめての登山靴を買いに登山用具専門店へ

▰ 教えてくれたのは ▰

さかいやスポーツ
スタッフ
岩﨑壮平さん

お客様に合った一足を見つけるためにていねいなフィッティング・案内を心がけています

**さかいやスポーツ
シューズ館**
東京都千代田区
神田神保町2-14
SP神保町ビル1F
☎03-3262-0433
営業時間11〜20時

創業70年の「登山・アウトドア用品の専門店」。東京・神田神保町に、「シューズ館」、「ウェア館」、女性や子ども向けのアイテム中心の「LaLaさかいや」、「クライミング館」バックパックや小物などをそろえた「エコープラザ」の5店舗を構え、専門知識をもつスタッフがはじめての山歩きをサポートしてくれます。

STEP 1 ▶ 行きたい山のイメージを具体的に伝える

それでは、足首を
しっかりサポートする
タイプの靴を
試してみましょう

高尾山しか
行ったことがないのですが、
数年のうちに、
北アルプスの山小屋泊
縦走をしてみたいんです

ズラリと並んだ登山靴から、どれが自分の行きたい山、自分の足に合っているのか判断がむずかしいですね。はじめて登山靴を選ぶときは、当面は低山で日帰りの山のみを考えているのか、日帰りでも標高1000m以上で岩の上を歩くような場所がある山、山小屋泊でアルプスの縦走をしたい、ゆくゆくはアルプスのテント泊縦走にもチャレンジしたいなど、「この一足でどの山まで行きたいか」をスタッフに伝えるのがポイントです。

STEP 2 ▶ サイジング

足のサイズを測る
ときは、登山用の
靴下を履く。貸し
出し用靴下もある

登山靴専用の
スケール。長
さだけでなく
足幅も計測

まずはスケールを使って足のサイズを測ります。ふだん履いている靴のサイズはわかっていても、あらためて計測しましょう。このスケールでは足の幅も測ることができます。「自分は幅広だ」と思っていた人が、平均的な幅だったりすることもあります。計測するなかで、スタッフはその人の足の数字に表れない特徴も見てくれますので、より自分の足に合ったサイズの靴を提案してくれるでしょう。

足幅もチェック！

STEP ▷ 試し履き

かかとをトントン

　試し履きの際には、スタッフにフィッティングしてもらうのがよいでしょう。靴に足を入れてから、かかとをトントンとし、靴ひもを締めます。スタッフに締め上げてもらうと、正しくフィッティングされている状態を体感できます。購入後は、自分で行いますので、この場で正しいフィッティングを習得しましょう。

STEP 4

▷ 履き比べ

登ったり下ったり

　同じサイズでもメーカーやモデルによって足型が違います。自分の足型に近いものを提案してくれますが、何足か履き比べることをおすすめします。靴を履いたら、店内にある山の形をした模型を登り下りしたり、横に歩いたりしてみましょう。足のどこかが当たる、締めつけられる感じがして歩きにくい、下りのときにつま先が当たるなど、いつどんな状態のときに、どのような違和感があるのか、詳しく伝えます。

👉 インソールもお試しあれ

　インソールにはさまざまなタイプがありますが、足のバランスを整え、歩行を安定させる働きがあるタイプも店頭に用意。それによって疲労も軽減されます。とくに歩行にクセのある人やケガの経験がある人などにはおすすめ。

目的別選び方

　登山靴は、ローカット、ミドルカット、ハイカットの3タイプに大別されますが、同じタイプでも、それぞれの靴に特徴があります。どんなタイプが自分に合うのか、また、行きたい山にスペックが合っているか、専門店スタッフに相談し選びましょう。

 ウィメンズ　　 メンズ

▶ 低山の日帰り向け

　一見スニーカーのような形をしていますが、登山用のローカットは防水・透湿性があり、また、ソールが凸凹していて滑りにくくなっています。旅行の延長、高原歩き、木道歩きなど高低差が少ないコース、よく整備された遊歩道に向いています。足首のサポートがないぶん、楽に履けますが、高低差のある山歩きになってくると心もとなくなります。

ウィメンズ　ターギーⅢ／1万9250円／キーン

X ULTRA 4 GORE-TEX／1万9800円／サロモン

▶ 日帰り～山小屋泊縦走向け

　足首をサポートするタイプで、ミドルカット、ハイカットと呼ばれます。ソールは適度な硬さでアッパーも柔らかめのタイプは、初心者でも履きやすいでしょう。グリップ力もあるので、砂利やぬかるみ、木の根っこ、岩など、さまざまな状況の登山道に適しています。日帰りの低山から1泊2日程度の山小屋泊までカバーできるタイプが多く出ています。

　ソールは硬めで足首のサポート部分が高く、全体のつくりがしっかりとしているタイプは、2泊以上の長距離を歩く場合などは心強いです。靴底のパターンによっては、岩稜歩きに適しているタイプもあります。一方で木道歩きや低山にはオーバースペックとなり、歩きにくい場合があります。

メリーナⅡ GT WXL Ws／4万700円／ローバー／イワタニ・プリムス

モヒートハイクGTX／3万250円／スカルパ／ロストアロー

トラバースX5 GTX ウーマン／3万4100円／ラ・スポルティバ／日本用品

ファインダーGV Men's／3万5200円／アゾロ／モンベル

商品説明凡例：商品名／価格（税込）／ブランド／取扱い先（ブランド名と取扱い先が同じ場合は記載なし）

※取扱い先問い合わせは巻末のP175参照

バックパック

バックパックは形と大きさ、そしてサイズから選びます。
それぞれの特徴とフィッティングの仕方を紹介していきましょう。

▲▲▲ ▽ ▲▲▲ ▽ ▲▲▲ ▽ ▲▲▲ ▽ ▲▲▲ ▽ ▲▲▲ ▽ ▲▲▲ ▽ ▲▲▲

長く山を続けるなら登山用を

バックパックも重要な装備のひとつです。登山用は、背負いやすいデザインになっているため疲れにくいです。ショルダーベルトの素材や形状が背負いやすさに大きく影響します。また、ウェアと同じようにサイズがあるので、自分の体格に合ったものを選ぶことができます。背負いやすいバックパックとそうでないものでは、快適性や疲労度がまったく違います。また、ある程度の重さをパックして背負うための耐久性もあります。

形を選ぶ

バックパックの形はパネルローディング型（ジッパー型などの呼び名もある）とトップローディング型に分けられます。それぞれに特徴があります。山で使用することをイメージしながら、特徴を理解し、自分が使いやすいタイプを選びましょう。

▶ パネルローディング

ジッパーを開閉して装備を出し入れします。筒状になっているトップローディングにパッキングするには要領がいりますが、パネル型は旅行カバンと同じような感覚でパッキングでき使いやすいといわれています。

Ⓦ テンペストプロ18／オスプレー／2万8600円／ロストアロー

▶ トップローディング

バックパックの基本形です。バックパックのアタマの部分についている大きなポケットを雨ぶたといい（▶P88）、ひんぱんに出し入れをするもの（行動食やトイレットペーパー、簡単な防寒着など）を入れておきます。荷物が多少増えても、対応できるのが強みです。

Ⓤ チャチャパック30／モンベル／2万5300円

大きさを選ぶ

　日帰りか山小屋泊まりかなど山行日数の長さや山行スタイルによって、必要となる容量が変わってきます。バックパックの容量はリットルで表示されています。リットルの数値はメーカーによって差異があるのでおよそのものと考え、実物を見て判断しましょう。

● 日帰り　20〜25L

　1日分の食糧と水、雨具、防寒着、エマージェンシーに備えたいくつかの装備などを入れるのにちょうどよいのがだいたい20L程度。日帰りの登山しか考えないという人であれば、これでOK。

タトラ 20／1万3200円／カリマー

フューチュラ 23／2万900円／ドイター／イワタニ・プリムス

● 山小屋1泊　30〜40L

　実際には、2泊程度でもそれほど装備の内容は変わらないので対応できます。日帰りの装備に加えるものは、少量の洗面道具など。ほかには食糧が増えます。

メイブン35／3万4100円／グレゴリー／サムソナイト・ジャパン

サースフェーNX 30+5／2万4200円／ミレー

商品説明凡例：商品名／価格（税込）／ブランド／取扱い先（ブランド名と取扱い先が同じ場合は記載なし）

サイズの測り方

バックパックのサイズというのは、背面長と呼ばれる背中の長さのことを指します。この部分を測る専用メジャーを常備した店もあります。同じモデルのバックパックにＳ、Ｍ、Ｌなど数種類のサイズがある場合が多いので、自分のサイズに合ったものを選び、背負ってみます。実際には、背面長だけではなく、ショルダーベルトの形状や素材などによっても背負い心地が変わってきますので、いくつかのバックパックを試してみましょう。

バックパックのフィッティング方法は後述しますが（▶P91）、専門店スタッフの方に教わりながら正しいフィッティングをしてください。正しく背負わないと、サイズが合っているかどうか見極めがつきません。

正しくフィッティングした状態はこのようになります

◉ 雨ぶた

好みにもよりますが、雨ぶたはある程度大きいほうが使いやすいでしょう。行動食（▶P100）や地図、日焼け止めなどの小物など、ひんぱんに使うものを入れておくと便利です（▶P91）。なにを入れるか想像しながら雨ぶたを実際に開いてみて、サイズのチェックをしてください。チャックが大きく開くほうが出し入れもラクです。

雨ぶたがなく、ロール状に巻き上げるタイプもあります（写真左）。荷物の量によってバックパックの大きさを調整できること、雨ぶたを開ける必要がないので、荷物の出し入れがしやすい点が特徴です。小物類はサコッシュ（▶P98）などに入れて別に持つとよいでしょう。

雨ぶたがなく、ロール状に巻き
上げるタイプも

▶ 背面

　ショルダーベルトの形状や角度などを見比べてください。これによって背負い心地が変わります。たとえばきゃしゃな方は、付け根の角度が広いと背負いにくくなります。背中の汗蒸れを防ぎ、通気性がよく背中の汗蒸れを防ぐメッシュ構造のタイプもあります（写真左）。背面長の長さを調整できるタイプのバックパックもあります。

パッキングの仕方

　自分に見合ったバックパックが用意できたら、いよいよ山に持っていく装備をパッキングします。モノを濡らさないこと、そしてバックパックの中心に重心を置き、左右均等の重さにして、背負いやすく使いやすくパッキングすることが大切です。

▶ 防水がカナメ

　パッキングでいちばん大切なことは、雨に降られてもバックパックの中身が濡れないように防水してパッキングすることです。ほとんどの登山道具は濡らすと使い物にならなくなります。

　とくにウェアは絶対に濡らしてはいけません。防寒着は寒いときに重ね着するものですが、これが濡れてしまっては防寒の役目を果たさなくなります。濡れは体力を奪いますので、パフォーマンスが落ちるばかりか、命とりになりかねません。充分に気を使いながら防水しましょう。

　また、背負いやすいようバランスよくパッキングすること、登山中に必要なものの出し入れがしやすいようにパッキングすることも大切です。いずれも、要領よくできるようになるには慣れが必要です。経験を重ねるうちに、少しずつうまくなっていきます。

👉 ポケットの使い道

山では動作をシンプルに

　バックパックの前面や両脇にポケットがついているものがあります。ポケットの多いバッグを、日ごろから使っている人にとっては便利かもしれません。一方でポケットが多いことのデメリットもあります。ポケットが多いぶんバックパックの自重が重くなり、動作が多くなることです。登山ではモノゴトや動作をシンプルにしたほうが、時間と体力の節約になります。

▶ スタッフバッグに小分けしてパッキングする

装備やウェアを防水するには、専用の防水スタッフバッグがあります。購入するときに完全防水かどうか確認してください。ほかに、ジッパーつきビニール袋などを活用することもできます。スーパーのビニール袋では強度が弱く、縛った部分から雨水が入ってくるおそれがあるので、あまりすすめられません。バックパックに入っているのだから濡れないだろうと考えるのは危険です。大雨にあうと、バックパックの中は濡れてしまいます。

大中小さまざまなサイズのスタッフバッグがあるので、各種そろえ、用途が同じようなアイテム別にパッキング

バックパックの中の荷物をすべてカバーできるサイズもある。これと個別のスタッフバックを二重で使えばより安全。雨天のなかでちょっとしたものをすぐに入れたいときは、個別バックに収納しなくても、バックパックの中に入れただけでとりあえずの防水はできる

ボックス型のスタッフバッグは、ジッパーで全面を開閉できるので、中身を取り出しやすい。手袋と帽子、歯ブラシや日焼け止めクリームなどの洗面道具と、テーマ別にパッキングする

地図や携帯電話、電池、財布などはジッパーつきのビニール袋に小分けして入れてもよい

スマホやモバイルバッテリーは厳重な防水が必要なため、アウトドア用の防水性が高く丈夫で破れにくいジッパーつきケースに入れると安心。マイナス40℃まで硬化せずやわらかく保つものや、ケースに入れたままスマホをタッチして使えるものもある

Q バックパックカバーだけではダメですか？

A バックパックカバーは、バックパック本体の濡れを防ぐもので、バックパックの中身までは防水できません。バックパックカバーとバックパックの隙間から雨が浸水することもあります。また、風が強い稜線では吹き飛んでしまうこともあるので、バックパックに合ったサイズのものを利用し、留め金でしっかりと固定しましょう。

▶ 背負いやすいパッキング

ヘッドランプ

小物

スマホ

行動食

レインウェア

バックパックカバー

水

ガス

防寒着

着替え

洗面用具

ツェルト

CHAPTER

04 山道具

バックパック

Point

- [✓] 上下左右前後の真ん中あたりにいちばん重量のあるものを入れるのがベター
- [✓] 左右の重さを均等にし、バランスよくする
- [✓] よく使うものは雨ぶたなどへ
- [✓] 必要なときにすぐに出したいもの（レインウェアなど）は上部の取り出しやすいところへ

▶ フィッティングの方法

1 ショルダーベルトを緩めて背負う

2 ウエストベルトを骨盤の位置に合わせて締める

3 チェストベルトを胸の上に合わせ、適度に締める

4 左右のショルダーベルトを適度に締める

5 ショルダーベルトの上部にあるベルトを締める

6 横から見て三角形になるのが目安

体に合っていないとショルダーベルトが写真のように浮かんでしまいます

道具のメンテナンス

適切な道具のメンテナンスは、長く使うために大切なことです。メンテナンスを繰り返すうちに道具への理解が深まり、愛着もわいていきます。

▲▲▲ ▽ ▲▲▲ ▽ ▲▲▲ ▽ ▲▲▲ ▽ ▲▲▲ ▽ ▲▲▲ ▽ ▲▲▲ ▽ ▲▲▲

お手入れ ❶ 登山靴

　登山靴のメンテナンスは、汚れをオフして化粧水でカバーするお肌のお手入れと似ています。まずは汚れを取ること。それから充分に乾燥させ撥水・防水スプレーかワックスを塗布します。土や泥には水分も含まれるので、汚れがついた状態で放置すると登山靴が湿ったままになります。ソールはよく乾かさないと劣化が早いので、汚れはしっかり落としましょう。また、メンテナンスをすることによって、登山靴の消耗度も確認できます。

1 ブラシで汚れを落とす

ブラシを使ってソールを含めた靴全体の汚れを落とします。デイリーメンテでは基本的に水洗いは不要ですが、汚れがひどい場合は、フットウェア専用のクリーナーを塗り、汚れを落とし、よく洗剤を拭き取るか水で手早く洗い流します。靴ひもは別途洗濯。

> アクティブクリーナー

革や防水透湿素材などのアウトドア用品全般に使用できるクリーナー。おもに革製・布革コンビの登山靴への使用に適している。インソールへの使用も可能。1870円／コロニル／タカダ貿易

2 インソールを取り出す

靴の中は汗で湿っています。インソールを取り出して乾かし、汚れがひどければ洗います。

3 陰干し

登山靴を陰干しして、全体をよく乾かします。湿気は劣化のもとです。

4 防水・撥水剤を塗布する

防水や撥水が落ちてきたと感じたら、防水・撥水剤を施し、そのあとよく乾かします。

> フットウェア リペル プラス

スプレーボトルをよく振ってから15cmほど離して靴全体にかける。防水透湿性素材に適したフットウェア用撥水剤（スプレー）。コンディショナー成分配合で、ヌバック、レザー製品も含めたシューズ全般に使用できる。2090円／グランジャーズ／キャラバン

— Leather Goods —

👉 レザー製品の場合

保革成分が入っていない防水・撥水剤を使う際は、定期的に防水・保革クリームを塗ります。

> ナノクリーム

防水透湿性素材を用いた製品にも適したレザー製品専用の防水・保革クリーム。1430円／コロニル／タカダ貿易

商品説明凡例：商品名／価格（税込）／ブランド／取扱い先（ブランド名と取扱い先が同じ場合は記載なし）

※取扱い先問い合わせは巻末のP175参照

道具のメンテナンス

5 ソールをチェック

ソールの凸凹がすり減っていないかチェック。消耗が進んでいると滑りやすくなります。また、ソールと靴本体の接着部分がはがれていないかも、よく確認しておきましょう。

When time has passed....

6 風通しのよい場所に保管

高温、湿気は劣化の進行を早めるので、汚れをよく落とし陰干ししたあとは、風通しのよい場所にシューキーパーを入れるなどして保管してください。車のトランクなどに積んでおくのはNGです。

Oh my God!!

山でソールがはがれてしまったら大変!

☞ ソールは経年劣化でこうなってしまいます

登山靴のソールは経年劣化により、ソールが壊れたり、接着部分がはがれることがあります。たとえその間履いていなくても、劣化は進みますので、必ず使用前に確認してください。使用の有無にかかわらず5年を目安に、劣化による崩壊やはがれが起きると考えましょう。

ソールは張り替えもできる

ソールの凸凹の消耗や接着部の劣化を見つけたら、メーカーにもよりますがソールの張り替えができます。あきらかな劣化は確認できなくても、見えない部分で傷みが進んでいることがありますので、5年以上経過している場合は、張り替えを検討しましょう。修理依頼は、購入した登山用具店、各メーカーカスタマーセンターなどで受け付けをしています。登山靴の購入時に、修理が可能か確認しておくとよいですね。

お手入れ ❷ バックパック

使用したあとのバックパックは、汚れを落とし陰干しします。汚れは硬く絞ったぬれぞうきんで拭くか、スポンジやたわしを使います。ときどき「バックパックは洗わないのですか？」という質問があります。よほど汚れがひどいときなどは、バックルやフレームなど、取りはずせるものをはずして、お風呂場などで、押し洗いしても構いません。

しかし、背面のクッション部分など全体を、完全に乾かすにはかなりの時間がかかります。カビの生える原因にもなりますので、充分に乾燥させるようにしてください。

1 汚れを落とす ⇒ 2 陰干し ⇒ 3 撥水・防水処理

スポンジで汚れを落とします。ファスナー部分も砂やゴミなどでつまると、破損の原因に。歯ブラシを使うと落としやすくなります。

風通しのよい場所で陰干し。よく乾かします。

バックパック用の撥水・防水剤をかけておけば汚れもつきにくくなります。

お手入れ ❸ ハイドレーション

水だけ入れているぶんには簡単な水洗いで済みますが、スポーツドリンクなど糖分が入った飲物を入れた場合は、とくに念入りに洗ってください。チューブ部分を洗うための専用のキットもあります。洗浄後は、よく乾かしましょう。

プラティパス ハイドレーション ビッグジップ EVO1.5L／6490円（左）ハイドレーションシステムのチューブとリザーバーを洗浄するキット（右）。クリーニングキット／2970円／モチヅキ

お手入れ ❹ トレッキングポール

トレッキングポールはすべて分解して乾燥させます。砂や泥、水分などが入り込んでいるので分解しないと錆びついてしまいます。汚れはぞうきんなどで拭き取りましょう。

レンタル山道具活用法

山道具をそろえるのはハードルが高くて……、という人に。 レンタルでお試し、
自分に合う山道具をじっくり選ぶ。こんな方法もあります。

▲▲▲ ▼ ▲▲▲ ▼ ▲▲▲ ▼ ▲▲▲ ▼ ▲▲▲ ▼ ▲▲▲ ▼ ▲▲▲ ▼ ▲▲▲

レンタルでその"よさ"を実感してから

「山をたくさんの人に安全に楽しんでほし
い。始めるときのハードルを低くしたい」と
いう思いで「やまどうぐレンタル屋」を運営
するスタッフに、レンタル山道具の活用術を
うかがいました。すでに、のべ20万人以上
もの人が利用、リピーターも多いそうです。

Data　やまどうぐレンタル屋

☎ 050-5865-1615
https://www.yamarent.com/
東京都新宿区西新宿 1-13-7 大和家ビル6F
営業時間12〜19時（新宿店）

※夏期のみ6時30分〜早朝営業あり　月・火曜、祝日、
年末年始休業　※夏期のみ営業の河口湖店もあり

Q どんな道具がいくらでレンタルできるの？

A 登山に必要な基本の道具すべてレンタルできます（クライミングなどの道具はのぞく）。

選べる3点セット

7500円／9000円（＊）（税込1泊2日）

選べる2点セット

5000円／6500円（＊）（税込1泊2日）
【選べる2点セット】（下記の5点からチョイス）
❶レインウェア上下（ショートスパッツつき）
❷ストック　❸ザック　❹登山靴　❺フリース

＊ゴアテックス製レインウェアの場合。1泊2日は山中での使用
日数。上記のほか、店舗で受取、返却してお得な「手ぶら割」や
長期間レンタルできる「マンスリーレンタルプラン」もあり

単品レンタル価格（一例）　Rental Price

・トレッキング用パンツ／2500円　　・バーナー／2500円
・防寒用ダウンジャケット／3000円　・機能性タイツ／
・軽アイゼン（6本爪）／2500円　　　　2500円

すべて税込（山での使用日数1泊2日料金）

7点セット

1万3000円／1万4500円（＊）（税込　1泊2日）
❶レインウェア上下　❷ストック　❸バックパック　❹登
山靴　❺ショートスパッツ　❻ヘッドランプ　❼フリース

How to レンタル

CHAPTER 04 山道具

レンタル山道具活用法

 店舗で

1 来店予約
↓

2 受付

登山経験豊富なスタッフが対応
↓

3 フィッティング

複数の登山靴からじっくり試し履き

色も選べます！
↓

4 申し込み
↓

5 持ち帰り or 配送
↓

6 返却

使った状態のままでOK。
同封の着払い伝票で返送

 ネットから

1 申し込み

電話やメールでスタッフとの相談も可能
↓

2 利用の3〜5日前に到着
↓

3 サイズ変更、合わないなどの場合は
交換無料
↓

4 返却

使った状態のままでOK。
同封の着払い伝票で返送

INTERVIEW

店長
松原慶明さん

豊富な在庫と使いやすさが魅力
安全に登山できるよう努めています

　登山靴、雨具、トレッキングポール、ヘッドランプといった春・夏・秋山で利用するものから、沢や雪山、山泊、キャンプ用装備まで、幅広く登山やアウトドアに関わる装備を取り扱っています。豊富な在庫でお申し込みと同時に予約確定、使用開始日の前日までのキャンセルの場合は全額返金、靴をレンタルされた方には登山用ソックスプレゼントなど、どこにも負けない圧倒的なサービスで、登山初心者を全力でサポートしています。

　やまどうぐレンタル屋のめざすところは、単なるレンタル事業ではなく、「登山人口の増加」と「安全登山の推進」です。ひとりでも多くの方が、より快適に、より安全に登山を楽しめるよう、こだわりをもって取り組んでいます。

あると便利な山小物

コンパクトだけど機能性充分、しかもタフ！な山小物たち。
ふだん使いもできて、山でも街でも活躍します。

サコッシュ

地図や日焼け止め、スマホなど、歩きながらすぐに取り出したいものを入れるのに便利なサコッシュ。山小屋での貴重品の持ち運びにも。

TC サコッシュ M ／ 3080 円／カリマー

トレッキングアンブレラ／
4950 円／モンベル

軽量折りたたみカサ

山の行き帰りやにわか雨のときにも軽量の折りたたみカサがあれば安心。写真は重さわずか150gながら、強度も両立した山用カサ。

折りたたみマット

地べたに座ってのランチやお茶タイム、凸凹や地面からの冷えも、コンパクトに折りたためるマットで解決します。

コンパクト折りたたみマット／
1100 円／エバニュー

山用財布

山には必要最小限のものをコンパクトな財布に入れて持っていくのが◎。水濡れに強い素材を選ぶのがおすすめ。

トレック ワレット／ 4730 円／
マックパック／ゴールドウイン

保温ボトル

温かい飲み物やスープをつくるのにあるとうれしい保温ボトル。保温性能、耐久性に優れた山用をチョイスしてみては。

山専用ステンレスボトル FFX-501
（保温・保冷両用）0.5L ／
6050 円／サーモス

※サコッシュは岩場など危険箇所を通過する際はバックパックにしまいましょう。
商品説明凡例：商品名／価格（税込）／ブランド／取扱い先（ブランド名と取扱い先が同じ場合は記載なし）
※取扱い先問い合わせは巻末のP175参照

5章

❖・❖・❖・❖・❖・❖・❖・❖・❖

山ごはんと行動食

山で食べるごはんは最高!
歩き続けるための行動食も大切です

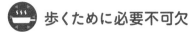

行動食と水分補給

山でのおたのしみ、おやつの時間。山のおやつは、安全に歩くための
大切な栄養補給です。栄養と水分補給の基本を知っておきましょう。

▲▲▲ ▽ ▲▲▲ ▽ ▲▲▲ ▽ ▲▲▲ ▽ ▲▲▲ ▽ ▲▲▲ ▽ ▲▲▲ ▽ ▲▲▲

行動食は歩きつづけるためのガソリン

◆ エネルギーにするには糖質が必要

山では、糖質をはじめとした栄養を補給するためにおやつをこまめに食べます。登山中に食べるおやつを「行動食」といい、エネルギーに換えやすいもの、少しずつ食べられるものを用意します。

行動中、体内ではその運動の強度によって糖質と脂肪が関わり合ってエネルギー源として使われます。運動の初期、運動負荷が大きいときには糖質、長時間の運動時、負荷の低いときにはおもに脂質が利用されます。また、脂質には糖質がなければ燃焼できない、という性質があります。糖質は体内に蓄えておける量は限られていて、糖質が枯渇すると、いくら脂肪をエネルギーに換えようと思ってもできなくなってしまうのです。その場合、体内にたくわえているタンパク質（筋肉）を分解してエネルギーにしますが、筋肉疲労をまねき、転落や転倒の危険が大きくなります。

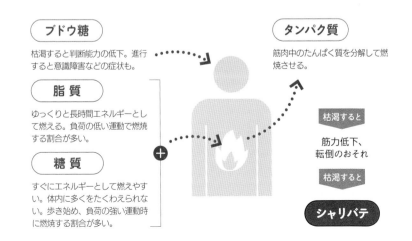

ブドウ糖
枯渇すると判断能力の低下。進行すると意識障害などの症状も。

脂質
ゆっくりと長時間エネルギーとして燃える。負荷の低い運動で燃焼する割合が多い。

糖質
すぐにエネルギーとして燃えやすい。体内に多くをたくわえられない。歩き始め、負荷の強い運動時に燃焼する割合が多い。

タンパク質
筋肉中のたんぱく質を分解して燃焼させる。

枯渇すると
筋力低下、転倒のおそれ

枯渇すると
シャリバテ

◆ シャリバテ ＝ ガス欠した車

エネルギーとして燃やす栄養が枯渇してしまった状態になると、ガス欠を起こした車のように、とたんに動けなくなってしまいます。いわゆる「シャリバテ」という状態です。

また、脳は炭水化物を分解することで得られるブドウ糖を栄養としているので、不足してくると判断能力も低下させます。つまり、山で安全に歩きつづけるためには、糖質を補給しながら脂肪を効率よくエネルギーに換えていく必要があるのです。

どんな行動食を持っていけばいい？

まず、エネルギーを生み出すのに欠かせない糖質（炭水化物、糖類など）を中心に、脂肪の代謝に必要なビタミンB群、汗で失われるミネラル類を補給します。それに、タンパク質や抗酸化の機能をもつ食材をプラスするとよいでしょう。

タンパク質＋脂質

チーズ、サラミ、大豆を使った栄養機能食品などが携行しやすい。チーズにはタンパク質のほか、脂質、その脂質を燃焼させるビタミンB1も含まれる。さらに塩分も含むため多量の汗をかく夏山にもおすすめの食材。ほかにナッツ類もビタミンB群、脂質を多く含む。消化するのにエネルギーを費やすので、胃がもたれやすい人などは様子を見ながら。

糖質（炭水化物・果糖・ショ糖類）

小麦、米などの炭水化物と、砂糖を使った甘いものを組み合わせて。果物に含まれる果糖も糖質のひとつ。ドライフルーツは、ビタミンや食物繊維の補給、イチジクに含まれる酵素は消化を促進、マンゴーにはビタミンA・C・βカロテン、各種ミネラルも。紫外線対策にもなるので、おすすめの食材。

行動食にプラスして非常食を用意

山には必ず必要な行動食に加えて、非常食を用意していきます。非常食には、「疲れていても食べられる」「水を用いなくてもいい」「栄養価が高い」ものが適しています。

Point 👉 非常食は食べずに持ち帰ることを基本に。

行動食と水分補給

行動食はどれぐらい必要?

5時間の行動時間を例にします。エネルギー消費量(kcal)＝体重(kg)×行動時間(h)×5。消費量の8割以上の補給が望ましく、そのうち朝食分をひいたカロリーを行動中に摂るようにします(*)。

エネルギー消費量(kcal)
体重50kg、行動時間5時間の場合 ▶ ▶ ▶

体重(50kg)×5h×5=1250kcal
☞ そのうちの8割(=1000kcal)以上を補給

▲▲▲

必要なカロリーから**朝食分**(400kcal)をひいた **約600kcal分の行動食**はこれくらい

アーモンドフルーツ=1袋40kcal×2、ワッフル=255kcal、おにぎり1個=約150kcal、チーズ1個約16kcal×3、ドライマンゴー=1袋89kcal 合計=622kcal

上記は行動中に摂ったほうがよい最低限の量。少し多めに持っていくのがベター。

包装はすべて取ってコンパクトにし、ジッパーつきビニール袋などに入れて。アメやゼリーなどは、すぐに取り出せるポケットに入れておいてもいい。

上手に活用したいサプリメント

ビタミン類やミネラルを補給するサプリメントを、行動食のひとつとして持参する人も。長期の縦走などではとくに、野菜不足を補うのに便利なアイテムです。また、スポーツのパフォーマンスを向上させる効果のあるサプリメントは、登山用具店にも多種置かれ、登山者にも愛用する人が増えました。

その代表的なもののひとつ「BCAA」などのアミノ酸は、登山前後に摂取すると持久力がアップ、疲労感の軽減を体感した、という声を多く聞きます。ゼリータイプ、タブレットや粉末など各種あるので、上手に利用すれば心強いアイテムとなります。

 ＊参考文献『登山の運動生理学とトレーニング学』(山本正嘉/東京新聞出版局)

水分補給はこまめに

　登山のような全身の筋肉を使う有酸素運動では、酸素と栄養を大量に筋肉に送りつづける必要があります。脱水で血液の濃度が高くなりドロドロ状態になると、充分な補給ができなくなります。また、温度や湿度によっては、熱中症の危険もあります。

　歩き出す前にもコップ1杯程度の水を飲みましょう。水分をたくわえておくと、体温上昇が抑えられます。また、一度に多量の水を摂取すると、不要な水は体外に排出されてしまうほか、体液のミネラルバランスを崩し、かえって体調悪化を招く場合も。塩分、ミネラルも併せて摂るようにします。

　これらを含むスポーツドリンクも適していますが、ケガをしたときに傷口を洗う真水は別に持つようにしましょう。

どれぐらい水分を摂ればいい?

　登山中に失われる脱水量（ml）は、「体重（kg）×行動時間（h）×5」とされています。上記の数式に夏季（夏日を超える気温）では、×5ではなく6〜8に増やします。脱水量の全量を補給する必要はありませんが、7〜8割の水分補給が必要とされています（＊）。

　1日5時間の行動、体重50kgの場合は約1L、それにケガをしたときに傷口を洗うための水を加えると、合計、1.5Lくらいが必要となります。

水筒のタイプいろいろ

　水筒は、チタン製の保温・保冷タイプ、折りたたみできる超軽量のプラスチック製、丈夫なアルミ製のボトルなどさまざまな種類があります。水などの中身が減ったらコンパクトに収納できるタイプなど用途に合わせていくつかを使い分けると便利です。行動食を入れられるタイプもあります。

CHAPTER

05

山ごはんと行動食

行動食と水分補給

カラーバリエーションが豊富。飲み物以外に、食材や行動食を入れる保存容器としても活躍。
広口0.5L Tritan™Renew／2200円／ナルゲン／ハイマウント

このまま冷凍もするのもOK。未使用時には丸めてコンパクトにできる。重さはわずか36g。プラティ2Lボトル／2530円／プラティパス／モチヅキ

登山に特化して開発された軽量コンパクトな保温・保冷ボトル。気温の低い環境下でも、高い保温効果を発揮する。アルパイン サーモボトル0.5L／3850円／モンベル

商品説明凡例：商品名／価格（税込）／ブランド／取扱い先（ブランド名と取扱い先が同じ場合は記載なし）
※取扱い先問い合わせは巻末のP175参照

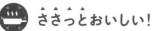 ささっとおいしい！

シングルバーナーで山ごはん

山で食べたごはんは、おいしい記憶と重なって、山での時間を忘れ得ぬものにしてくれます。 さっとできて、山ごはんづくりのヒントになるレシピ、教えます。

▲▲▲ ▼ ▲▲▲ ▼ ▲▲▲ ▼ ▲▲▲ ▼ ▲▲▲ ▼ ▲▲▲ ▼ ▲▲▲ ▼ ▲▲▲

調理器具はこれだけあればOK

山でのごはんづくりに必要な道具は、シングルバーナー、燃料、食器と鍋を兼ねたクッカーです。軽量コンパクトで、耐久性にもすぐれています。カトラリーやナイフ、カップは山用のものではなくてもOK。簡単＆定番レシピから山ごはんを楽しんでみましょう。

❶クッカー
深型クッカー（左）は、コッヘルとも呼び、大きさの異なるクッカーを重ねて収納できたり、ふたがフライパン代わりになるタイプも。フライパン（右）は、浅型と深型に大別され、煮る、焼く、炊く、蒸すなどマルチに使えます。それぞれ、チタン製は軽いが熱伝導率が低く、アルミ製は熱伝導率が高いといった特徴があります。

❷カップ
ひとつあれば、コップとしてもお皿としても使えます。直火にかけられ、スープなどを温め直すのにも便利です。

❸ガスカートリッジ
右の缶は内容量約230gのタイプ。日帰りでお茶を入れたり、お昼ごはんをつくるだけならひと回り小さい缶（左）でもOK。

❹シングルバーナー
ストーブ、コンロとも呼びます。火力は各製品によって違いがあります。

❺カトラリー
折りたためるもの、2つに分けられるもの、スプーンとフォークが合体したものなど、さまざまな形状があります。

❻万能ナイフ
切ったり、開けたりと、まさに万能。

シングルバーナーの選び方

　加熱調理をするための燃料には、初心者が火力を調整しやすく登山で使われることの多いガスのほか、アルコール、固形燃料などがあります。ガスのうち、寒冷地でも安定した火力が得られるOD（Outdoor）缶、流通量が多く低価格で入手のしやすいCB（Casette Gas Bombe）缶を使うかによってバーナーのタイプが分かれます。

　また、ガスに直結するタイプのバーナーは、軽量・コンパクトなのが最大のメリット。ガスとホースでつなぐ分離型は重心が低く、大きめのクッカーを置いても安定します。人数やどんな山でなにをつくるかによって、使い分けるのがよいでしょう。

▶ OD缶直結型

ガス直結タイプは、軽量で携行性にすぐれる。コンパクトながら強い火力が得られるバーナーも多い。ゴトクの長さや形状で安定性が変わる。手持ちのクッカーとの相性もチェックしよう。153ウルトラバーナー／1万1000円／プリムス／イワタニ・プリムス

▶ OD缶分離型

ガスとホースでつなぐ分離タイプ。ゴトクの位置が低いため、大きなクッカーを載せても安定性が高い。マイクロレギュレーターストーブ FUSION Trek SOD-331／9900円／SOTO／新富士バーナー

▶ CB缶直結型

寒冷地では火力が下がるのがデメリットとされるが、マイクロレギュレーター機能（小型の減圧器）で、安定した火力が得られるタイプも。レギュレーターストーブ Range ST-340／9020円／SOTO／新富士バーナー

使い方は簡単！

点火装置は水濡れなどで不具合が起こる。ライターやマッチなども必ず携行を

忘れないで！

1 バーナーのゴトクを1本ずつ広げる

2 1本のゴトクが半分に折りたたまれているタイプは、さらに広げる

3 バーナー本体のバルブを、ガスカートリッジにくるくる回しながらねじ込んで、取り付ける

4 つまみを回し、ガスを出しながら、点火装置がついているタイプは、指でパチンと押して点火

商品説明凡例：商品名／価格（税込）／ブランド／取扱い先（ブランド名と取扱い先が同じ場合は記載なし）
※取扱い先問い合わせは巻末のP175参照

山ごはんのきほん

　山でのごはんづくりには、山での作業を安全に、かつ時短でできるように準備のコツがあります。また、貴重な自然に影響を与えないためのマナーも知っておきましょう。

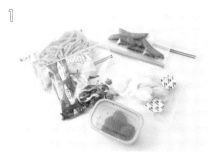

野菜は下ごしらえをして、パスタなどは必要量をあらかじめジッパーつきビニール袋などに入れていく

火を使うときは、その場を離れずクッカーを持って押さえる。柄は熱くなるため、軍手やバンダナなどで手の保護を

食器の後片付けには、洗剤、水は使わずにペーパーなどで拭き取る。拭き取った紙ももちろん持ち帰る

クッカーは収納スペースとして最大限に活用する

👉 Check!

- ☑ ゴミを出さないよう、材料の包装は家で取り、野菜はあらかじめ切っていく
- ☑ 傾斜のあるところでバーナーを使うと、ひっくり返して火傷のおそれあり!
- ☑ ゆで汁も生ゴミと同じ。スープなどに利用を
- ☑ ガスカートリッジは、熱すると爆発のおそれあり。車中に置きっぱなしも厳禁

山ごはんで、山の楽しみが広がる♪

乾物と便利調味料で、あら!? 本格的なお味

ドライトマトとバジルのペンネ

CHAPTER

05 山ごはんと行動食

シングルバーナーで山ごはん

◆材料（2人分）

- ペンネ 早ゆでタイプ
  … 200g
- ドライトマト
  みじん切りタイプ…適量
  （大きいものはあらかじめ
  切っていく）
- プチトマト…4個
  （洗ってへたは取っていく）
- ブルスケッタ用の調味料
  （ドライバジルでもOK）
  …適量
- オリーブオイル…適量
- 水…300ml

◆つくり方

❶ ペンネを、塩（分量外）を
  ひとつまみ入れたお湯でゆ
  でる⇒ゆで汁は捨てずに
  スープに。

❷ 少量の水につけておいたド
  ライトマト、残りの材料を
  全部入れてあえたら、でき
  あがり。好みで塩・コショ
  ウ（分量外）をかけてもOK。

Column

How to 山ごはん

オリーブオイル、塩・コショウなどの調味料は100円ショップなどで売っている携帯用ケースに。納豆のタレも醤油がわりに使える!

レトルトに自分でひと手間
干しキノコとベーコンのリゾット

＼ MEMO ／

お湯の場合15分、水の場合60分かかるアルファ米をおいしく早く食べるには、雑炊やリゾットにするのがおすすめ。3〜4分煮れば食べられます。

◆材料（2人分）

- アルファ米…1袋（100g）
- ベーコン使いきりタイプ
  …1袋（35g）
- 干しキノコ
  …ひとつかみ（10g）
  （まいたけ1袋+ホワイトマッシュルーム5個を乾燥させたら10gに）
- 粉末スープの素（じゃがいもポタージュ）…2袋
- 水…300ml

◆つくり方

❶ お湯をわかし沸騰したら、アルファ米、1cm幅に切ったベーコン、干しキノコを入れる。
❷ 火が通ったら、粉末スープの素を入れて、できあがり。

Column
▼ ▼ ▼ ▼
How to 山ごはん

干しキノコは、2日ほど天日干しするだけ。旨みが増して、まいたけがイタリアの高級キノコ、ポルチーニのような味わい！ 軽量コンパクトな山ごはん食材に。

常備菜を冷凍。味つけはこれだけ

肉味噌とネギの焼きうどん

CHAPTER

05 山ごはんと行動食

シングルバーナーで山ごはん

◆材料（2人分）

- 冷凍うどん…2束
- 肉味噌
  豚ひき肉…150g
  A ┌ ショウガ…ひとかけ
    │ 味噌…大さじ1と1/2
    │ 酒…大さじ1
    └ みりん…大さじ1
- 長ネギ…適量（切っておく）
- カイワレ…適量
- 水…100ml

◆つくり方

〈山に行く前に〉
❶ フライパンに少量の油（分量外）を熱しショウガ、豚ひき肉を入れ炒める。
❷ 火が通ったらAを入れ、しっかり水分を飛ばす。
❸ 粗熱をとり、ラップの上で平らにして冷凍する。
〈山で〉
❶ フライパンに冷凍うどんと水を入れ、火にかけほぐす。
❷ 肉味噌と長ネギを入れて混ぜ、カイワレをのせてできあがり。

Column
▼ ▼ ▼
How to 山ごはん

冷凍した肉味噌とうどんを保冷剤代わりに、野菜と一緒に持参して、彩りも満足度もアップ。乾燥野菜を少し水で戻してから入れてもOK。

フライパンで簡単！
スライス餅の照り焼きチキンピザ

\ MEMO /

スライス餅は鍋や雑炊に入れてもよし。ピザ生地にするには、一度片面を焼いてひっくり返してから、具材をのせるのがポイント。

◆材料（2人分）

- スライス餅…6枚
- 缶詰の焼き鳥（タレ）
  …1缶
- コーン（パック）…1袋
- とけるチーズ…適量

◆つくり方

❶ スライス餅をフライパンにひとり分3枚並べて焼き、少し焦げ目がついたらひっくり返す

❷ ❶に缶詰の焼き鳥、コーン、とけるチーズをのせて焼く。チーズがとけたら好みで青のり（分量外）をかけてできあがり。

Column

How to 山ごはん

缶詰は、クッカーを使って湯せんしながらひと手間加えたり、白米と一緒に炊いて炊き込みご飯にしたりと、山ごはんの定番です。

あったかスープとパンがあれば
かぼちゃとスナップえんどうの ニョッキスープ

—◆MEMO◆—

お昼は消化のいいものが◎。小
麦粉とつぶしたじゃがいもでで
きたニョッキは消化がよく、ゆ
で時間も短いので山におすすめ
の食材です。

CHAPTER

05 山ごはんと行動食

シングルバーナーで山ごはん

◆材料（2人分）

- ニョッキ …150g
- スナップえんどう…6本程度
- かぼちゃのうらごし
  ポーション …10個
  （かぼちゃのポタージュ粉末
  スープでも）
- 常温保存できる牛乳
  …200ml
  （または、スキムミルク大さじ4）
- コンソメスープの素
  …1袋または1個
- 水…150ml

◆つくり方

❶ 沸騰したお湯にかぼちゃの
  うらごしポーションとコン
  ソメを入れ、とけたら牛乳
  を入れる。

❷ ニョッキを入れて30秒。浮
  かんできたらスナップえん
  どうを入れてできあがり。
  好みで塩・コショウ（分量
  外）をかけてもOK。

Column
▼▼▼▼
How to 山ごはん

スープに、ほかほかパン
があればしあわせです
ね。写真は携帯用のミニ
ロースター（ユニフレー
ム）。パンにチーズをの
せて、あつあつのホット
サンドも。

山の茶屋めぐり

てくてく歩いて山頂にたどり着いたら、
山の茶屋で、ほっこりランチにおやつタイムはいかが？

▲「城山盛り」と名づけられた圧倒的なメガ盛り

箱根／金時山
元祖 金時茶屋
がんそ　きんときちゃや

👉 みそ汁 ← 600円

「金時娘の茶屋」として親しまれる。
ナメコたっぷりのみそ汁、
具だくさんのうどんなどが人気。

■⏰不定休、7時～16時30分
■🍴金時うどん800円、煮込み600円、甘酒400円など

▲名物のみそ汁は小どんぶりで提供

奥高尾
城山茶屋 しろやまちゃや

👉 かき氷 城山盛り ← 600円

高尾山～陣馬山には計15軒もの茶店があり、
それぞれ特徴的なメニューがある。
そのなかでも異彩を放つのが城山茶屋の
メガ盛りかき氷だ。暑さも吹き飛ぶ。

■⏰不定休、9～17時ごろ（冬期10時～15時30分ごろ）
■🍴なめこ汁300円、おでん500円、
冷やし甘酒300円など

▲隣の春美茶屋と背中合わせに立つ

▲金時山の山頂にある

鎌倉アルプス
かまくら茶屋 天園 かまくらちゃや てんえん

👉 ふろふき大根 ← 800円

古都鎌倉の丘陵上、天園にある。鎌倉の山上では
唯一の茶店で、以前は天園休憩所と称していた。
全体にボリューミーで、冬期限定のふろふき大根がとくに人気。
ほかにも、うどん入りのおでんなど食べ応えがある。

■⏰不定休、
11～16時ごろ
■🍴おでん500円、
田楽400円など

◀体が温まる山菜そば。うどんもある▼神奈川県と東京都との境にあたる

▼六国峠とも呼ばれる天園の直下に立つ

奥高尾／陣馬山
信玄茶屋 しんげんちゃや

👉 山菜そば ← 700円

草原に囲まれ、展望を楽しみながら
くつろげる。地元産のユズを使った
ゆずシャーベットなどの地産品も。

■⏰3月上旬～6月下旬、9月上旬～1月中旬の土・日曜、祝日（ただし雨や雪が降った場合は休業）、9時ごろ～夕方
■🍴みそ田楽350円、けんちん汁600円（冬期限定）、コーヒー400円、ゆずシャーベット300円など

▲じっくり煮込まれたふろふき大根

6章

歩き方

登山の基本である歩き。
ラクな歩き方からメンテまでを紹介します

山をはじめたら毎日も気持ちよく

山ボディをつくる

今度の山まで、日常のなかで少しずつ体への気配りしてみませんか？　山登りに必要な体はどんなものか。それを整えるにはどうしたらよいか紹介します。

▲▲▲　▼　▲▲▲　▼　▲▲▲　▼　▲▲▲　▼　▲▲▲　▼　▲▲▲　▼　▲▲▲　▼　▲▲▲

デイリーメンテを少しずつ

　山登りには心肺機能を中心とした持久力も、荷物を背負って登るのに使う筋肉も必要です。

　しかし、運動習慣がなかった人がいきなり激しいトレーニングをはじめるのも、無理が

あります。まずは、体調を整えることからはじめましょう。暴飲暴食や不規則な睡眠の毎日だとしたら、なるべく規則正しい生活を心がけます。そのなかで、少しずつでも体を動かす習慣をつけてみましょう。

◆ 有酸素運動で全身の持久力をアップ

　登山は有酸素運動です。酸素を体に取り入れ二酸化炭素に交換する肺機能、全身の筋肉に酸素を送り込む心臓や血液・血管の機能を使います。これを登山の間ずっと行いますので、登山は全身の持久力が必要。下記のような有酸素運動を一定時間以上行うことによって、鍛えられます。少しずつでもつづけることが大切なので、取り組みやすい運動から始めましょう。

▶ ランニング

　走ることが苦でなければランニングは有効。距離やスピード、時間を変えながら、無理のない範囲で。

▶ 自転車

　自転車通勤やフィットネスクラブのエアロバイクで。体重による負荷や着地の衝撃がないので関節への負担も軽減できます。こちらも距離やスピード、時間で調整を。ほかには水泳もよいでしょう。

▽　▽　▽　▽　▽　▽　▽　▽

▶ ウォーキング

　運動習慣がなければ、まずはここから。毎朝の散歩や通勤時に駅ひとつ分多く歩くなど。慣れてきたら大股、速足で歩いたり、階段の登り下りを加えたりすると効果的。

山歩きは全身運動

　登山は脚ばかりを使うと思われがちですが、じつは全身運動です。重い荷物を背負い、その姿勢を保ちながら登山道を登ったり下ったりします。登山道は舗装された街の道路とは違い、デコボコしている道や滑りやすい箇所もあります。そういったところを歩くには、姿勢を安定させるために全身の筋肉をくまなく使うことが必要になります。これは全身のバランスを整え、スタイルの維持にもつながるでしょう。

　山を歩くとすっきり！　気持ちいい！　こう思えるのは、自然のなかで、ふだんは使わない筋肉を含んだ、全身を使うからかもしれません。

山ボディをつくる

大胸筋

バックパックを背負った姿勢を安定させるために、またしっかり呼吸をするために。トレッキングポール使いにも役立つ

腰・臀部の筋肉
（腸腰筋、大臀筋）

脚を動かすためにも、また姿勢を安定させるためにも必要

太ももの筋肉
（大腿四頭筋、内転筋、ハムストリングス）

登りでは太ももの前後を両方とも使い、下りではおもに前面の大腿四頭筋に負担がかかる

すねの筋肉

足を動かすためにも使う。登り下りともに必要

肩の筋肉
（僧帽筋、三角筋）

バックパックの重さの大半は、直接肩にかかる。これに耐えうる筋肉が必要

広背筋

腹筋同様、姿勢を安定させるため

腕の筋肉
（上腕三頭筋）

トレッキングポールを使うときは、いっそう腕の筋肉も必要となってくる

腹筋

姿勢を安定させながら、デコボコやぬかるみのある登山道を登ったり下ったりするには、腹筋など体幹の筋肉を使う

ふくらはぎの筋肉

登り下りを通して必要

ストレッチングからはじめてみよう

もし運動習慣がないとしたら、いきなり筋トレでなく、ストレッチングからはじめてみましょう。筋肉を伸ばし動かすだけでも気持ちよく、自分の体がどの程度動くのか確認できます。

▶ 大腿四頭筋を伸ばす

登りでも下りでも使う大腿四頭筋は、登山に重要な筋肉。登山前後によくほぐしておくことが大切です。

手で足首を握って膝を曲げる。大腿四頭筋が伸びるのを感じる。疲労で硬くなっているときは無理せずに

▶ 腰回りを伸ばす

重たいバックパックを背負い姿勢を維持するためにも使う腰回りの筋肉は、硬くなると痛みの原因にもなります。

あおむけに寝て、片方の足の膝をもち反対側に倒すように曲げる。腰とお尻、足の付け根部分全体を伸ばす

▶ 大臀筋を伸ばす

歩行の際に脚を動かすたびに使うのがお尻の筋肉。疲労で硬くなりやすいので、登山前後によくほぐしましょう。

あおむけに寝て膝を曲げ片方の足を腿に載せる

両足を胸のほうに近づける

▶ 首を回す

重い荷物を背負っていると、首と肩が凝り固まります。なかには頭痛を引き起こす人も。ふだんPC作業の多い人にもおすすめです。

手を添えてゆっくりと首を横にまげたり、上下に動かしたります。呼吸を止めないようにしながら。肩の凝りも軽減します

ひとりでも気軽にできる筋トレ

最初からがんばりすぎず、無理のない強度と回数からはじめて、週2〜3回でも継続できるようにすることが大切です。どこの筋肉が弱いか、自分の体を観察してみましょう。

▶ 腹筋

あおむけに寝て、膝を曲げ息を吐きながらなるべくあごを下げずに、お腹と水平になるように3秒キープ。腹筋はやらないと落ちる一方なので、がんばって！

▶ 背筋

息を吐きながら対角線上にある手と足を同時に持ち上げ3秒キープ。左右10回ずつ。全身のバランスも整えます。腹筋と背筋のバランスが崩れると腰痛の原因になるので注意が必要です。

▶ 大腿四頭筋

フロントランジと呼ばれるトレーニング。膝をまっすぐ、正面に向けて出すことがポイントです。スクワットも太ももに効きます。左右10回ずつ。

真っすぐに立ち

膝を上げてまっすぐ前に踏み込むように出す

前に出した膝が90度になるまで腰を落とし、一気に最初の姿勢に戻る

▶ ふくらはぎの筋肉

壁によりかからないように手をついて立ち、ふくらはぎを上げ下げする。エベレスト女性初登頂者の田部井淳子さんは、皿洗いをしながらこれをやっていたとか。

Point

最初は10回程度から。慣れたら10回×3セットをめざしてみましょう。もちろん、回数未満でもOK。ちょっときついと感じるくらいまでやると効果的です。

117

ステップや休憩のとり方で変わる

疲れない歩き方

山登りはきつくて苦しいもの、と思っていませんか。歩くペースや休憩のとり方に気をつければ、疲れをためずに歩けるようになり、心にゆとりも生まれます。

▲▲▲ ▼ ▲▲▲ ▼ ▲▲▲ ▼ ▲▲▲ ▼ ▲▲▲ ▼ ▲▲▲ ▼ ▲▲▲ ▼ ▲▲▲

イーブンペースでゆっくりと

　山での歩き方について、まずは広い視点からとらえてみましょう。大切なのはペースづくりです。順調なペースをつくれるようになったら、立派な登山者。ペースづくりは簡単ではありません。陥りがちなのは、ハイペース。マラソンと一緒ですね。最初に飛ばしすぎて、途中で疲れてしまうパターン。それよりも、イーブンペースを保つことが大切です。朝イチは体も温まっていないので、ゆっくり歩き始めます。ゆっくりであれば、その日の体調を観察することもできます。こんなペースで山頂に着くのだろうかと、不安に思うかもしれません。しかし、最初に飛ばして途中でバテてしまうよりも、案外早くたどりつけます。

Point

- ☑ ペースや休憩のとり方で疲れ軽減
- ☑ 最初はゆっくりと
- ☑ イーブンペースを保つ

歩き始めはとくに「ゆっくり」を意識して。一定の速度を保って歩くイーブンペースを心がける

休憩のとり方

最初の休憩は、30分程度を目安に早めにとり、その日の体調を確認します。ウェアの調整や、水分補給もしましょう。その後は1時間ごとに10分程度の休みを目安としてください。もっと長く歩けそうでも、早めの休憩が疲れをためません。また、1時間程度は歩きつづけられるペースを保つことも大切です。不規則なペースや休憩は、体に負担がかかり効率的ではありません。

登山の途中のストレッチングも、疲労回復をうながす効果があります。疲労がたまる前にやってみましょう。

休んでいる際中は体が冷やすいので1枚着て、歩き始めるときにまた脱ぐ習慣を

CHAPTER

06
歩き方

疲れない歩き方

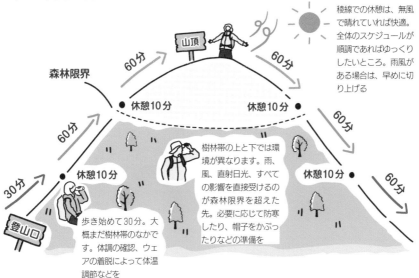

稜線での休憩は、無風で晴れていれば快適。全体のスケジュールが順調であればゆっくりしたいところ。雨風がある場合は、早めに切り上げる

山頂

森林限界

60分 60分

休憩10分 休憩10分

60分

60分

30分

登山口

休憩10分

歩き始めて30分。大概まだ樹林帯のなかです。体調の確認、ウェアの着脱によって体温調節などを

樹林帯の上と下では環境が異なります。雨、風、直射日光、すべての影響を直接受けるのが森林限界を超えた先。必要に応じて防寒したり、帽子をかぶったりなどの準備を

休憩10分

60分

▶ 危険のない場所で天候に応じて

落石など危険がある場所での休憩は、NGです。上部をよく観察してください。狭いところもほかの登山者の邪魔になるので避けましょう。落下物のリスクを考え、斜面に背を向けない習慣をつけましょう。

あとは天候とスケジュール次第。蒸し暑い日は風通しのよい木陰、風の強い日であればそれを避けられる場所のほうが、体が冷えません。自分が心地よい状態になれる場所を探します。

街とは違う山に適した歩き方

　山での歩き方は、要領をつかめば体力をセーブできますし、余裕ができて山を楽しめます。さらには安全な山登りにもつながります。

　基本はスムーズな体重移動。一歩一歩、体を前に移動させていきますが、その際なるべくラクに体重移動ができるよう、さまざまな工夫をします。ここがうまくいかないと、無駄な体力を使うことに。また、舗装道と違い、デコボコや滑りやすい箇所などもありますので、そうした状況に対応することも必要です。

▶ 登り

1 足裏をフラットに 安定した場所に置く

　足裏全部がグリップされるようにフラットに置く。なるべく平らで滑りにくい場所に置くのが基本。だんだんと的確な足の置場を自然に選べるようになるので、それまでは意識してみて。

2 大股歩きはせずに ステップはこまかく

　スムーズに歩を進めるためには、筋力などの条件にあった歩幅に。大股歩きや大きな段差を登り下りするのは、いっぺんに大きく体重を移動させなければならないため、疲れやすいです。

3 斜度を 緩和させる

　小刻みに登ったり、足の向きを斜めにしたり、上体を斜面に正対させずに斜め横に向けることで、斜度を正面から浴びることなく緩和させることができ、負荷が軽減できます。

つづら折の道のイメージで

　傾斜がきつい場合は登るラインを蛇行させてみます。つづら折の道のようなイメージ。道幅1ｍ程度の道でも、ほんのすこし体を斜めにし、蛇行させるだけで斜度が緩和され、ラクに動けます。

▶ 下り

 へっぴり腰にならない

　斜面を怖がり腰が引けてしまうと、かかとから着地ぎみになって滑りやすくなります。体幹をしっかり保ち、足裏をフラットに着地させると、後傾しにくくなります。足の真上に体がある限り、スリップすることはありません。

⬇

² **ステップはこまかく**

　登りと同様に歩幅を小さくすると、後傾を防ぎ、体重移動がスムーズになります。段差のある箇所では、一度に大きく下りずに、小さなステップを見つけてこまかく刻んでいきます。ステップは必ずしも前方ばかりに求める必要はありません。遠回りに感じても横や斜め前なども探してみましょう。
　どうしても中間ステップがみつからない場合は、腰を落として着地したときの衝撃がやわらぐように、足を下ろせば、バランスをくずしません。

▼ ▼ ▼ ▼
大きな段差は腰を落として片手で支えながらゆっくりと足を着地させる

大股で下ろうとすると、重心が後ろに傾きやすくスリップの危険が

登りと同様、中間ステップを探しこまかく刻む

☞ **疲れの原因はココかも？**

下る前に、靴ひものフィッティングを ─────

　朝いちばんに締めた靴ひもが、歩くうちに緩んでくることもあります。下りはとくにフィッティングが重要になるので、確認してください。慣れてくると、終日歩いても緩まないよう締められるようになります。また、ほどけた場合はすぐに立ち止まって直しましょう。靴ひもを踏んだら危険です。

まずは経験者から学ぶべし

危険箇所のこなし方

登山地図を見ていると「難所」や「危険箇所」という言葉があります。
どんな場所なのか、なにに気をつけたらよいのか、知っておきましょう。

▲▲▲ ▽ ▲▲▲ ▽ ▲▲▲ ▽ ▲▲▲ ▽ ▲▲▲ ▽ ▲▲▲ ▽ ▲▲▲ ▽ ▲▲▲

危険箇所とはどんなところ？

「難所」「危険箇所」とは、大きな転倒や滑落、落石のリスクがある場所で、通過するには技術や判断が求められます。具体的には、岩場や石がゴロゴロとしたガレ場、左右に切れ落ちた細い稜線などです。クサリやハシゴ、ロープが設置されている場合もあります。まずは自分が行けるかどうかの判断が必要です。最初は、難所や危険箇所のないコースを選びましょう。

もし、このような場所にさしかかった場合は、先を見渡しよく観察します。自分の力では無理だと考えるのならば、引き返しましょう。経験者やガイドと一緒に行き、通過の仕方や判断の過程を学ぶことをおすすめします。また、台風の通過後、大雨のあとなど、ふだん問題なく通過できる場所でも、立ち入れなくなっている場合もあります。必ず事前にチェックしましょう。

▶ 転・滑落のリスクがある場所

左右が切れ落ちた細い稜線、崖のようなところは、転倒や滑落が大事故につながるリスクがあります。本来はこのような場所では、クライミングロープを結んで通過します。そこまでの大事にはならないような場所であっても、転・滑落はあってはならないミスです。ひとりずつ慎重に通過しましょう。

上／切れ落ちた崖に設置されたクサリ場を慎重に通過する。ひとつのクサリを大勢で持つようなことがないように
左／ポピュラーな低山でも油断すると転落の危険がある箇所も。おしゃべりに夢中になって "ヒヤリ" なんていうことのないように。写真は高尾山。左側は深い谷になっており、滑落したら危険

▶ クサリ場・ロープ

急峻な箇所に設置されているクサリやロープを使う場合は、アンカーとクサリやロープの強度を観察し、安全を確認してください。確認できない、判断できない場合は使用しません。使用する場合も、全体重をかけるのではなく補助的な使い方を。いっぺんに複数人で使うと、他者の動きによって体が振られたり、大きな荷重がかかるため危険です。

クサリには体重をあずけるのはNG。足でバランスをとりながら補助的に使う

クサリ場で渋滞がおきるような場面も。急がず間隔をあけて通過する

▼ ▼ ▼ ▼

谷地形はすみやかに通過するよう心がける。すれ違いや写真撮影などで途中で立ち止まるのもさけよう

▶ 谷(沢)を横切る

谷状の地形になっているところをトラバースする(横切る)際や、不安定な石が上部にあるときは、すみやかに通過します。落下物がないか、上部をよく観察することも大切です。とくに雨が降っているときや雨後は地盤が緩み、落石が発生しやすくなります。このような場所で立ち止まったり、休憩をしたりするのはNGです。

▶ ガレ場の通過、浮石には乗らない

石がゴロゴロしているところを「ガレ場」といいます。蹴るように歩くと落石を起こします。静かにていねいに重心を移動していきます。また、浮いた石を蹴ったり、足を置いたりすると落石を起こしかねません。なるべくふれないようにしてください。上部を中心に周囲に気を配りながら歩きます。

ガレ場には岩にルートを示すペンキマークがついているところもある。マークにしたがって、ていねいに歩こう

▶ 滑りやすい岩

岩はでこぼこしていて手足をかけやすいものが多いですが、一方で滑りやすい岩もあります。多くの登山者が手足をかけて通過することによって磨かれてしまった岩。雨や沢の水などによって濡れている岩。コケが生えて湿っている岩。蛇紋岩などももともと滑りやすい性質の岩。これらの岩は滑りやすいです。見分けるのは難しいかもしれませんが、岩場で滑ると、滑落して大きなケガを負ったり、岩にぶつけて打撲などのケガをする危険があります。岩場では滑らないように細心の注意をはらいましょう。

写真は蛇紋岩(谷川岳)の登山道。濡れるととくに滑りやすい。ガイドブックにも、とくに滑りやすい性質の岩の登山道に関しては注意が書かれていることが多い。チェックしておこう

▶ ザレ場

下りのザレ場で滑るのは後傾になっているから。しりもちをついて転びやすいので、足の真上に体重を乗せるよう心がけよう

地面に細かな砂利が載っている場所を、「ザレ場」と呼びます。ザレ場は滑りやすいので、とくに下りに出てきた場合は、注意しましょう。怖がって腰が引けてしまうと、余計に滑りやすくなります。足の真上に体重を乗せる意識をもって歩きましょう。自信がない場合は、トレッキングポールを使って補助を。

スピードを出し過ぎるとコントロールできなくなって、大きく転倒します。スピードをセーブしましょう。ザレ場を登る場合も、足を滑らせやすいので、一歩一歩確実に体重を移動させるよう心がけましょう。

👉 ヘルメットは必要？

岩場などの危険箇所ではヘルメットの着用が推奨されています。長野県警のホームページ「山岳情報」などには、ヘルメット着用推奨地域が挙げられています。では、具体的にはどのような場所でヘルメットを着用するのがよいのでしょうか。落石の危険がある場所。転倒・滑落をした際に、大きな事故につながりやすい場所。大きな距離を滑落したり、岩場で打撲などのケガが生じやすいところです。

▶ 橋を渡るとき

　濡れた木の橋、鉄製の橋はとくに滑りやすいです。橋の場合、滑ると沢に落ちる危険もあるので、要注意。いっぺんに大勢で渡ると、橋の強度もさることながら、振動で揺れ、歩行が不安定になります。少人数で間隔を開けて渡りましょう。人数制限をしている橋もあります。心配な場合は、ひとりずつ渡ります。

橋から転倒して沢に落ちると、濡れたり流される危険も。打撲などのケガのおそれもある。無理せずゆっくり渡ろう

▶ 落ち葉の登山道

　落ち葉が敷き詰められた登山道はうつくしく、落ち葉を蹴りながら歩くのは楽しいですが、注意も必要です。濡れた落ち葉は滑りやすいのです。また、落ち葉で隠れているため、登山道の路面の状態がわかりません。注意散漫なまま歩いていると、落ち葉の下の石につまずいたり、足を滑らせることもあります。足で路面を探りながら、意識を集中させて歩いてください。また、路面にデコボコなどの変化があっても対応できるスピードで歩くことも大切です。

濡れた落ち葉のある木道は滑りやすい。足裏に意識を集中させて歩くと、感覚が鍛えられ研ぎ澄まされていく。最初は無理なくゆっくり歩くように

▶ 登山道にある木の根

　登山道に木の根が露出している箇所や、登山道の整備によって丸太で階段状になっている箇所があります。これらのステップは、登ったり下ったりの助けになります。一方で濡れている場合は、滑りやすいので直接足を置かないよう注意しましょう。とくに、真横にスライドして足を滑らせるケースが多いです。転倒につながりやすいので、一歩一歩慎重にステップを刻みましょう。

木の根で滑るパターンは、横向きの動きをしたとき。勢いよく転ぶことがあるので気をつける

適切に使えば心強いミカタに

歩きをサポートするギア

歩行を支えるのは本人の体ですが、トレッキングポールやサポートタイツ、インソールなどのギアは、適切な使い方をすれば効果を発揮します。

▲▲▲ ▼ ▲▲▲ ▼ ▲▲▲ ▼ ▲▲▲ ▼ ▲▲▲ ▼ ▲▲▲ ▼ ▲▲▲ ▼ ▲▲▲

目的別にタイプさまざまなサポートタイツ

脚全体をサポートするタイツと、膝や腰など特定の部位にフォーカスしてサポートするタイプ、足の疲労回復をうながすことを目的としてつくられたものがあります。サイズやフィット感はいろいろです。試着して選んでください。

全体的にサポートするタイプ。モデルによってサポートに強弱があるので、試着して確認。
C3fitインパクトエアーロングタイツ（WOMENS）／1万4850円／ゴールドウイン

腰、もも、膝、ふくらはぎにフォーカスしたタイプ。写真のモデルはファスナーつきではきやすい。
C3fitフォーカスサポートロングタイツ（MENS）／1万5400円／ゴールドウイン

自分に合った目的とサイズ選びが大切。寒い時期用の厚手保温タイプ、夏向けの薄手のものと季節によっても使い分けよう。自分にぴったりのサポートタイツが見つかれば、歩きの味方になってくれる

体幹を安定させ、推進力を支えるトレッキングポール

片手に１本、もしくは両手に２本持って使います。荷物を背負って登り下りする際に、上体がぶれると、体はバランスを保とうと筋肉に負荷がかかります。歩き方にもブレが出ます。トレッキングポールを使い上体を支え

ブレを抑えることで、スムーズな重心移動をサポート。登りでは体をもち上げ前に進む推進力に、下りではバランスの補助として、着地の際に膝や足首をはじめとした脚全体にかかる衝撃をやわらげます。

持ち手がＴ字になっていて、片手で使用。片方の手があくので自由度が高くて便利
2-Wayグリップカーボンポール　アンチショック／１万1220円（１本）／モンベル

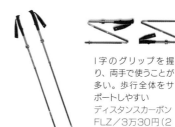

Ｉ字のグリップを握り、両手で使うことが多い。歩行全体をサポートしやすい
ディスタンスカーボンFLZ／３万30円（２本１組）／ブラックダイヤモンド／ロストアロー

◆ トレッキングポールの使い方

グリップはストラップの下から手を入れて握ります。ポールのグリップは、肘を曲げたときに直角になるかやや下になる位置に。肘より上だと常に筋肉が緊張した状態になり疲労の原因になります。下りでは、やや長めに調整します。

▶ 登り

ポールが体の脇を通るときに、グイッと押して体をもち上げ、前方への推進力とします。前に突くときの位置は１歩程度先。脇の下が広がりすぎないようにしてください。

▶ 下り

進行方向に突き、同じ側の足をポールの横あたりに出すと安定します。全体重を預けるとポールが滑ったときに危険です。補助的な役割だと考えてください。

商品説明凡例：商品名／価格（税込）／ブランド／取扱い先（ブランド名と取扱い先が同じ場合は記載なし）

※取扱い先問い合わせは巻末のP175参照

脚の筋力を支えてケガを予防するテーピング

膝回りや太腿、ふくらはぎなど自分が弱い箇所をサポートするにはテーピングが適しています。筋肉をサポートし、疲労軽減やケガの予防にもつながります。ロールで売っているテーピングもありますが、あらかじめ部位をサポートする形状になっているものはハサミ不要で、すぐに使えて簡単に効果的に貼れます。貼り方が不適切だと効果が半減しますので、説明書をよく読んで使用しましょう。

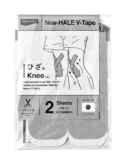

V字にカットされているためハサミが不要、素早く貼ることができる。適度な伸縮性があり、しっかりと膝をサポートしてくれるので安心だ Vテープ2枚入り／770円／ニューハレ／ニューハレックス

疲労軽減や体幹を安定させるインソール

購入時に登山靴に入っているインソールには湿気をとる役目やクッション性がありますが、別売りもあります。保温性の高いもの、かかとをホールドすることによって体幹を安定させるもの、足裏のアーチを支え疲労を軽減するものなどがあります。いずれも快適な歩行をサポートする役割です。下の商品は大まかなサイズに分かれています。購入後にカットして自分の靴に合わせます。

アーチを維持することが正しい姿勢、スムーズな歩行、疲労軽減に。ブラックはアーチが低く足のボリュームが小さい人、グリーンはアーチが高くボリュームが大きい人向け。アーチやボリューム（幅や甲の高さなど）が合ったものを購入し、サイズ（足裏の長さ）に合わせてカットする

グリーン／6600円／スーパーフィート／インパクトトレーディング

ブラック／6600円／スーパーフィート／インパクトトレーディング

👉 ギアに頼る前に、いちばん大切なこと

本来はサポーターやトレッキングポールがなくても、山には登れます。ケガのあとやとくに弱いところを支えるために使うのはよいことです。しかし、いちばん大切なのは、そうしたギアがなくても歩けるような体をつくることです。道具にばかり気をとられずに、自分の体に目を向けることも忘れないでください。

少しのケアで疲れを残さない

下山後のメンテ

心地よい疲労感でリフレッシュできたら、翌日に疲れを残したくないですね。
下山後のメンテナンスで疲労回復が早まります。

▲▲▲ ▼ ▲▲▲ ▼ ▲▲▲ ▼ ▲▲▲ ▼ ▲▲▲ ▼ ▲▲▲ ▼ ▲▲▲ ▼ ▲▲▲

多方面からのメンテを

　ここでは、食事、ストレッチング、アイシング、さらにはアロマの活用を紹介します。それぞれ役割が違いますが、いずれも下山後の体の回復をうながします。適切な栄養補給と水分補給は、疲労回復の大前提となります。ストレッチングやアロマの活用は心身をクールダウンさせます。

　アイシングはもう少し積極的な方法で、筋肉を冷却することによって筋肉痛をやわらげていきます。

バランスのよい食事で内から回復

　エネルギーの補給に炭水化物、ビタミンB1、脂質、筋肉をつくるためのタンパク質やカルシウム、マグネシウムの摂取が重要です。また、下山後は体が脱水に傾いているので、水分、汗で失われたナトリウムとカリウムなども必要です。バランスのよい食事を心がけましょう。ひどく疲労している場合は、消化のよいものを。消化吸収の早い果糖とブドウ糖が主成分のはちみつや、日焼けした皮膚の新陳代謝をうながすためにビタミンCを含む果物や野菜も積極的に摂りたいですね。お酒は利尿作用が強く、脱水を強めるため、飲酒と共に水分摂取も大切です。

下山後はバランスのとれた食事に野菜や果物をたっぷりと摂ろう

しっかりと睡眠をとる

　質のよい睡眠も回復の重要な要素となります。登山を終えた高揚感で、お酒を飲むことも多いでしょうが、アルコールは一時的に脳が麻痺するため眠たくなりますが、酔いが醒める段階で脳の活動が活発化し、睡眠を妨げるとも考えられています。「寝つきはよくても、浅い眠りになる」といわれている所以です。お酒の量は、ほどほどにしましょう。食事を摂り、温泉や風呂で体を温めれば、良質な睡眠をとれるはずです。

ストレッチングで
体をほぐす

P116で紹介したストレッチングは、登山前後、それに登山中にも役立ちます。できれば下山後にもバスやクルマなどに乗る前に行いましょう。これまで一日中動かしていた体をクールダウンさせる必要があるからです。帰宅後に、さらにじっくりやると効果があり、翌日の疲れの残り具合に差が出ます。

下山後すぐにストレッチングをすると効果的

筋肉疲労は
アイシングが効果的

登山で使った筋肉は、熱をもち筋繊維が傷ついた状態になっています。軽度の疲労であればストレッチングで回復しますが、ひどく疲れている場合は、その後にむくみや重度の筋肉痛になるおそれがあります。それを軽減させるひとつの方法がアイシング。冷却作用のある湿布が便利です。なるべく早く冷却したほうが効果的なので、たとえば電車に乗る前に疲労の強い部位に対処するとよいでしょう。

ひどい筋肉痛の場合は、氷嚢で冷やすのがいちばん効果的です。なるべく早く対処しましょう。捻挫などのケガをした際も、まず冷やして炎症をおさえるのが肝心です。

氷嚢がない場合は、ビニール袋に氷を入れて冷やしてもよい

▶ シャワーで冷やす

途中で温泉に寄る場合は、温まる前に筋肉痛が予想される箇所を冷水シャワーで冷やすのも効果があります。3分程度を目安に、寒いですがここは我慢。帰宅後に入浴する場合は、疲労部位にまだ熱が残っていたら、冷水シャワーを試してください。

アロマの活用

アロマオイルの特徴は、香りや成分が、大脳を経由せず直接中枢神経に到達する点です。それが血行促進、筋肉疲労緩和、精神の安定などに効果があるといわれています。好きな香りや効能の合った香りを単体で使うほか、「疲労回復」などをうたった既製品のブレンドオイルを利用するのもおすすめです。

また、ベースオイル（スイートアーモンドオイル、ホホバオイル、グレープシードオイルなど）に、自分で選んだエッセンシャルオイルを調合して、オリジナルをつくることもできます。エッセンシャルオイルのなかで

は、カモミールやラベンダー（鎮静）、ジュニパーやサイプレス（むくみ緩和）、ローズマリー（血流促進）などが向いています。

マッサージ、湯船に入れる、オイルヒーターなどで部屋に香らせるなどの方法がある。肌や鼻からも吸収できる

▶ 疲労回復、緊張感を解くのにも効果的

筋肉疲労を感じたときに、アロマオイルを使ってマッサージをすると、血行もよくなり疲労回復を促進してくれます。

ほかに、緊張感がとれないときもよいでしょう。登山は自然に癒されることもある一方で、つねに周囲にあるリスクに気を配るために緊張が続きます。山小屋に入ったり、下山したときには緊張感を解いてあげることが

大切です。そうしないと、疲労もとれませんし、興奮が続いて寝つけないこともあります。リラックスできる香りを使うとよいですね。また、足先が冷えて眠れないときにも試してみてください。足の裏からふくらはぎをマッサージすると、足の冷えがとれるだけでなく全身もポカポカと温まり、寝つきがよくなります。

▼ ▼ ▼ ▼ ▼ ▼ ▼ ▼ ▼ ▼ ▼ ▼ ▼ ▼ ▼ ▼ ▼

「Q 山小屋でアロマをしてもいいのでしょうか？」

A スティックタイプやバームがおすすめ

アロマオイルの香りは、本人が思っている以上に広範に強くいきわたります。山小屋の相部屋で使うのは、マナー違反になるでしょう。

そのようなときは、スティックタイプや缶に練ったバームが入ったタイプがおすすめです。手首や首筋、耳の裏側などに塗り込むだけでも、気分が一新します。過度に塗ると香りが鼻につくこともありますので、周りの人に配慮を。

山のおみやげ 1

そこでしか買えないものも多い山小屋オリジナルグッズには、
それぞれの個性とアイディアがあふれるグッズがたくさん。
山の記憶とともに持ち帰ってみませんか。

黒百合ヒュッテ／八ヶ岳

黒百合ヒュッテの意匠や建具をデザインした、染色家であり民藝運動普及に尽力した三代澤本寿さん。EARTHWELLのタンブラー（左）とボトルに、三代澤さんが描いたシンボルの黒百合を載せました。タンブラー（473ml）は二重壁で長時間保温・保冷できます。ボトル（658ml）は真空二重壁。EARTHWELLは2018年にアメリカ・オレゴン州で誕生したステンレスボトルブランド。墨色（黒）とオフホワイト（白）の発色も綺麗です。

タンブラー（黒、白、473ml）5400円（左）、
ボトル（黒、白、658ml）6200円、山小屋で販売
https://www.kuroyurihyutte.com/
（写真提供＝黒百合ヒュッテ）

富士見平小屋／奥秩父

富士見平小屋のご主人のお母様が庭で育てているバラを使ったジャム。バラの種類が豊富なことに驚きます。種類によって風味もそれぞれ。喫茶の珈琲につくクラッカーや紅茶にも「薔薇のジャム」が

添えられているので、ぜひ味わってみてください。花びらの食感とバラの香りが広がります。食パンやヨーグルトに載せても贅沢な気分でおいしくいただけます。使い方によってどの種類のバラがよいかなど、スタッフに相談してみましょう。

薔薇のジャム（テス オブ ザ ダーバヒルズなど種類多数、140ｇ）
2000円、山小屋で販売
https://www.fujimidairagoya.jp/

駒の小屋／会津駒ヶ岳

駒の小屋×富山県朝日町の「ハーブと喫茶 HYGGE」のオリジナルハーブティ「あおぎり」。名付けたのは駒の小屋の女将、三橋さゆりさん。駒の小屋が朝もやに包まれ、その中からのぞく青い空にキリリとした空気感があり、晴れの予感。そんな朝をテーマにしたもの。青い空をイメージしてマローブルー、会津駒ヶ岳の登山口にも自生する山葡萄（ハーブティに使っているのは富山産）も入れてあります。さわやかな味わいは登山の休憩時にも、山小屋でひと息ついたときにも、ぴったり。

オリジナルハーブティ「あおぎり」（10ｇ）500円、山小屋で販売
http://komanokoya.com/
https://www.facebook.com/herbandcafe.hygge

7章

山小屋に泊まる

山の上でひと晩を過ごす。
ただそれだけなのに、ときめきます

山小屋ってどんなところ?

山小屋って初心者が泊まっても平気なの? 旅館とはどう違うの?
そんな疑問にお答えします。

▲▲▲ ▼ ▲▲▲ ▼ ▲▲▲ ▼ ▲▲▲ ▼ ▲▲▲ ▼ ▲▲▲ ▼ ▲▲▲ ▼ ▲▲▲

登山者が安全に歩くための宿泊施設

山小屋は、登山者のための宿泊施設。もとは山岳信仰の登拝者が泊まるための施設としてつくられたのが始まりだったといわれています。北アルプスにあるような数百人が泊まれる山小屋から、十数人の山小屋まで規模はさまざま。旅館とは違い、登山者の安全の確保のための避難場所としての機能も果たす山小屋ですが、昨今、とくに新型コロナウイルス感染症感染拡大防止への対応から、予約が必須の山小屋がほとんどです。キャンセル時も必ず連絡が必要です。

北アルプス・白馬岳山頂直下にある大規模な山小屋「白馬山荘」。収容人数は約800人

部屋は相部屋が基本。個室がある小屋も

部屋は男女も一緒の相部屋が基本です。布団、毛布などの寝具は小屋が提供してくれますが、新型コロナウイルス感染症感染拡大防止対策で、シュラフやインナーシーツ持参を推奨している山小屋もあります。山小屋のウェブサイトなどで、宿泊予定の山小屋のルールを必ず確認しましょう。

オフシーズンで、宿泊客が少ないときは、寝る場所の希望を出せる山小屋もありますが、基本的には、到着順に山小屋のスタッフが場所を指定します。以前は、ハイシーズンには相部屋に布団一枚に複数人が寝るような

こともありましたが、間隔を充分にとったスペースを確保しているところも多くあります。

相部屋の一例。仕切りが設けられ間隔もゆったりとられている

山小屋のなかには、グループ用に個室を予約できるところもあり、家族連れの登山者などに人気があります。少数ですが、なかには全室個室の山小屋もあります。はじめての利用で相部屋は不安という人は、個室の予約を考えてもいいでしょう。夏のハイシーズンはすぐに満室となりますので、予約は早めにすませることをおすすめします。

個室の例。2畳ほどのスペースからグループ用に8畳程度の広さまで、さまざま

食事や軽食が摂れます

　疲れた登山者のために、心のこもった食事を提供してくれます。ここが本当に山のなか？　と思えるような豪華なメニューが並ぶところもあり、地元で採れた食材を使ったメニューあり、山小屋ごはんを食すだけでも、山歩きの楽しみが増えます。

　厳しい環境、限られた条件のなかで、安全な登山を願って提供される食事です。残さずにいただきましょう。ラーメンやカレーなどの昼食・軽食を提供する山小屋も多く、宿泊しなくても利用できます。

　また、喫茶コーナーでコーヒーやスイーツ、生ビールを提供する山小屋も。山小屋滞在の楽しみのひとつです。

地元の名物料理など山とは思えない手の込んだメニューが並ぶところも。

宿泊しなくても休憩ができたり、昼食も摂れる。写真は2点とも八ヶ岳・オーレン小屋

お風呂、アメニティは基本的にありません

　温泉が湧いている近くの山小屋など、お風呂があるところもありますが、山では水が大変貴重です。基本的にお風呂はありません。洗面の際も、水の出しっぱなしは厳禁！　タオル、歯ブラシなどのアメニティもありません。最低限の洗面用具を持参しましょう。右の写真のような山上の湯をめざして歩くのもまた楽しみのひとつです。

八ヶ岳・本沢温泉など温泉を併設する山小屋もある。歩いてしか行けない秘湯として人気

泊まる前に知っておきたい

山小屋なるほど事情

登山者の安全のため、山小屋ではさまざまな工夫と努力をしています。
知っておけば、山小屋泊のいくつかのルールもすんなりと実践できるはずです。

▲▲▲　▼　▲▲▲　▼　▲▲▲　▼　▲▲▲　▼　▲▲▲　▼　▲▲▲　▼　▲▲▲　▼　▲▲▲

山小屋の存在が、私たちが山の懐へ入るのを可能にしてくれている

稜線にある山小屋の水確保は雨水がたより

　山小屋の水確保はどうしているのでしょうか。近くに沢があればそこからポンプで水を引いているところもありますが、とくに稜線上の山小屋は雪解け水や雨水がたより。山小屋に設置した貯水タンクを使い、塩素消毒をし、水質検査をへて料理の提供のための炊事、飲料水として利用しています。

　「お風呂かシャワーはありますか?」という登山者からの質問や、水を出しっぱなしにしたまま顔をバシャバシャと洗う光景も、ときにはあるようです。蛇口をひねれば、いつでも水が出る。そんな街でのふだんの生活が

あたりまえのことか、立ち止まって考えるいい機会にもなると思います。

北アルプス・稜線上にある山小屋。屋根の上に設置されているのが貯水タンク

食料など物資の運搬はヘリや人力で

　山小屋で使う食料や物資の運搬には大変な労力を必要とします。ヘリコプターでの輸送もありますが、歩荷と呼ばれる人、もしくは山小屋の主人自らが荷物を背負って運ぶところもあります。山小屋で出たゴミも同様に、ヘリや人力で下ろしているのです。

　また、新型コロナウイルス感染症感染拡大防止対策のため、使い捨ての食器や、寝具に不織布のシーツや布団・枕カバーを使用する

山小屋も増え、山小屋のゴミ処理の負担は増しています。山小屋で購入した飲食物のゴミは、山小屋で捨てられるところも多くありますが、登山者ひとりひとりが山小屋の負担を減らす意識をもちたいところです。

　最低限、自分が持ち込んだゴミは自分で持ち帰ります。歩荷さんが運ぶ姿や山小屋の事情を知れば、当然のこととおのずと納得できるはずです。

スタッフが人力で食材などの物資を運ぶ

北アルプスの山小屋にヘリコプターで物資を輸送

安全登山のための登山道整備も担う

　登山者を迎える宿泊施設としての役割とともに、登山者の安全のため、山小屋は周辺の登山道整備にもあたっています。大雨や台風のあとは、いち早く状況をチェック、崩壊箇所などの情報を自治体などに伝える役割も担っています。山小屋のウェブサイトには、登山道の残雪の状態や、危険箇所、また、花の開花情報など最新の情報がたくさん載っていますので、登山の前にぜひチェックしてみましょう。山小屋に泊まった際も、山小屋が掲げている注意事項や天気予報などは必ずチェックを。

　ときには、遭難者の救助にもあたります。装備の不充分な登山者はいないか、体調のわ

るい人はいないかなど、常に登山者の安全確保のために、注意を払っています。やむを得ず到着が遅くなるときは、必ず連絡を入れるのを忘れずに。

登山道の整備を行う山小屋のスタッフ。登山道は、日々の手入れが必要となる

山小屋で体調がわるくなってしまったら

　もし、山小屋で体調がわるくなってしまったら、まずは持参した常備薬で対処が可能か様子をみますが、ムリは禁物です。もし、頭痛や吐き気など高山病が疑われる症状が出たら（▶P156）、高度を下げるしか対処方法はありません。山小屋のスタッフに相談してみましょう。

　おもに夏山シーズンの登山者の多いエリアを中心に、大学医学部により山岳診療所が開設されるところがあります。診療所によりますが、対処法の相談ができるほか、投薬、点滴、縫合、湿布などの簡単な手当てもしてもらえます。

　熱や風邪の症状が出たときは、我慢せず山小屋のスタッフに相談しましょう。山小屋では相部屋であること、狭い空間で寝食を共にすることを意識して、体調管理に努めましょ

う。体調管理は、安全登山の大切なポイントです。せっかく計画したのだからと、無理をするような山行は控えましょう。

穂高岳山荘の夏山診療所でケガの手当てを受ける。登山者には心強い存在だ

Q 男女一緒の相部屋は不安です。着替えるところはありますか？

A　更衣室があるところも。不安なら個室がおすすめ

　更衣室、部屋に仕切られたカーテンがあるところなどもありますが、ない場合は布団にもぐって着替えたり、混雑時はNGですがトイレを利用したり、友達同士で、さっと寝具を広げて視線をさえぎってみたり。登山者同士、街とは違う状況で、工夫して過ごしていますので、あまり心配しなくて大丈夫ですよ。どうしても抵抗がある人は、個室のある山小屋の予約をおすすめします。

山小屋の更衣室の例。あるのは大規模な山小屋に限られる

山のトイレ事情

◆ 山小屋・公衆トイレは使用マナーを守って

　山小屋や山中の公衆トイレは、水が豊富なところでは水洗式もありますが、多くはヘリコプターや人力で汚物を運び出すなど、多大な労力と費用で維持されています。かつては、使用するのに勇気のいるトイレも少なくありませんでしたが、近年、山小屋のトイレ事情は山小屋や自治体の努力でめざましく改善されています。微生物の力で分解を促進するバイオトイレなどがそのひとつです。

　そこで、守りたいのがマナー。利用する場合はチップ入れに利用料を払います。バイオトイレはペーパーなどがまざ

ると分解能力が低下し、機械の故障にもつながるので、ペーパーは所定の場所に捨てます。注意書きが書いてあるので、しっかりと読んでくださいね。

霧ヶ峰・八島湿原にあるバイオトイレ。チップを入れるボックスがある。ペーパーは流さず必ず所定の場所に捨てよう

◆ 携帯トイレ持参でローインパクトな山歩き

　トイレがない場所ではどうする？　かつては、やむを得ない場合は外で用を足すことになり、水場から最低30m以上離れ、15cm以上土を掘り埋めるとされていました（ペーパーは捨てずに持ち帰ります）。

ですが、人の少ない山域なら、自然の分解力でカバーできるものの、人気の山域となるとそうはいきません。大腸菌などで土壌が汚染され、生態系にも悪影響があります。そこで、近年では携帯トイレの持参が推奨されています。

トイレキットの中身は…

吸水ポリマーで尿と便を凝固。ダブルチャックの防臭袋でにおいを閉じ込める携帯トイレ。O.D.トイレキット／262円／モンベル

使用済みの携帯トイレや生ゴミなどをバックパックなどに外付けして持ち帰るための防水バッグ。O.D.ガベッジバッグ 4L／2090円／モンベル

不安もこれで解消！

山小屋の過ごし方

山小屋には泊まってみたいけど、ルールがさっぱり？ で不安。
そんな人に小屋での過ごし方の実際を案内します。

▲▲▲ ▼ ▲▲▲ ▼ ▲▲▲ ▼ ▲▲▲ ▼ ▲▲▲ ▼ ▲▲▲ ▼ ▲▲▲ ▼ ▲▲▲

タイムスケジュールを知っておこう

はじめての山小屋泊では、知らないことばかりで戸惑いや不安も多いでしょう。でも大丈夫！　事前に山小屋のタイムスケジュールやいくつかのルール、快適に過ごすためのコツを知っておけば安心、準備も整えられますね。

また、コロナの感染拡大においてさまざまな対応を求められた山小屋では、登山者が安全に過ごせるよう試行錯誤を重ねています。今後も感染状況の変化に応じて山小屋でのルールに変更が生じることも予想されます。

事前に山小屋のウェブサイトで、準備するものなどを確認しましょう。

Point

- ☑ 山小屋には14時までに到着するように計画する
- ☑ 自然に負荷をかけない配慮を
- ☑ 夕食は17時。朝食は5時が一般的
- ☑ 準備するものなどを事前に山小屋のウェブサイトで確認

▽ ▽ ▽ ▽ ▽ ▽ ▽ ▽ ▽ ▽ ▽ ▽ ▽ ▽ ▽ ▽ ▽ ▽

暮れる夕暮れの雲海、長い年月が刻まれたダイニング、山小屋だけに流れる空気に浸って
左／南アルプス・仙丈小屋（写真提供）　右／霧ヶ峰・ヒュッテ ジャヴェル

山小屋滞在タイムスケジュール

日目 **14:00** ― **到着**

14時までには到着できるように計画します。
遅くなるようなら必ず連絡を。

▼ ▼ ▼ ▼ ▼ ▼ ▼ ▼ ▼ ▼ ▼ ▼ ▼ ▼

受付

宿泊カードには緊急時に備えて連絡先や行き先・下山口なども記入します。
支払いは、現金を用意しておくのが基本ですが、
キャッシュレス決済などにも対応する山小屋も増えています。

◆ 汚れたもの・濡れたものは所定の場所へ

床を濡らさないためにも濡れた衣類は受
付後すぐに乾燥室へ。部屋に持っていく
と布団が濡れてしまうので厳禁。とくに
レインウェア、バックパックカバーは外
で水気をよく切ること

泥や土で汚れた登山靴とトレッキング
ポールを収納。他の登山者のものと間違
えないように名札を用意している小屋も
あるので、名前を記入して結ぶか目印を

▼ ▼ ▼ ▼ ▼ ▼ ▼ ▼ ▼ ▼ ▼ ▼ ▼ ▼

15:00 ― **身支度**

水が貴重な山では、一部の小屋をのぞき基本的にお風呂はありません。
気になる人はシートタイプのクレンジングや制汗剤で
顔や体を拭いて、着替えをしましょう。

山では着のみ着のまま、という
人もいますが、予備服をかねた
ウェアに着替えてもOK。高山
はとくに、夏でもとても冷える
ので、しっかりと防寒着を

141

16:00 — リラックスタイム

山小屋のカフェコーナーなどで、コーヒーをいただいたりして心も体もリラックス。ケーキなどスイーツを出す山小屋もあります。歩いたあとの生ビールは格別ですが、大汗をかき体内の水分量が不足している状態です。アルコールは利尿を促します。脱水状態になりやすいですので、まず水分を補給。飲みすぎには注意しましょう。

17:00 — 夕食

栄養満点の山小屋ごはんは、なによりの楽しみです。ハイシーズンは、食事の時間をずらして、3回転ほどする山小屋もあります。

18:00 — フリータイム

夕食を終えたら就寝時間までは思い思いに時間を過ごします。本をのんびり読んだり、沈む夕日に染まる雲海、星が灯り始めるころの山の空のドラマチックな変化を楽しんだり、山時間を堪能しましょう。

20:00 — 就寝準備

各自で布団を敷きます。他の人も利用するので決められた位置からはみ出ないように。新型コロナウイルス感染症感染拡大防止のため、インナーシーツの持参が必須となっている山小屋もあります。

夜トイレに行くときや早朝準備をするときに
ヘッドランプを使います。
寝ている人を考慮して足元だけを照らすように。
夜は乾燥するので水筒も置いておくとよいでしょう。
貴重品も手が届きやすいよう枕元へ。

▼ ▼ ▼ ▼ ▼ ▼ ▼ ▼ ▼ ▼ ▼ ▼ ▼ ▼ ▼

20:30 ― ## 消灯

空気が澄んでいる山のなかで見る星空や夜景はとても感動的。
防寒具を着用し、ヘッドランプを持ったら、
寝ている人を起こさないようぜひ、夜空を見上げてみて!

日目 5:00 ― ## 起床・朝食

食堂に並んだ順番で朝食を。山では多くエネルギーを摂取しなければ
いけないので、ご飯に汁物、魚や野菜のあえものと栄養満点の食事内容。
食事がすんだら次の人のためにすみやかに席を空けましょう。

▼ ▼ ▼ ▼ ▼ ▼ ▼ ▼ ▼ ▼ ▼ ▼ ▼ ▼ ▼

6:00 ― ## 出発準備

前日に頼んだお弁当を受け取り（当日の注文は不可）、
その日の行動用の水を確保します。水源が安定
している山小屋は無料で汲めることもありますが、
水場から遠い山小屋や天水を利用する
山小屋では水は有料です。
集水や運搬にかかるコストも金額に含まれます。

▼ ▼ ▼ ▼ ▼ ▼ ▼ ▼ ▼ ▼ ▼ ▼

7:00 ― ## 出発

トイレをすませて、出発です。
本日の天気予報や登山道の最新情報の
掲示などもチェックしましょう。
チェックアウトはありませんが
山小屋の方に挨拶をしましょう。

> ゆっくり寝られて
> 疲れも回復! 昨日の
> 夕日きれいだったな〜

初心者におすすめの山小屋

山に泊まるからこそ出合える景色があります。人のぬくもりとあたたかさ、
山小屋それぞれの個性をぜひ味わってください。

▲▲▲ ▼ ▲▲▲ ▼ ▲▲▲ ▼ ▲▲▲ ▼ ▲▲▲ ▼ ▲▲▲ ▼ ▲▲▲ ▼ ▲▲▲

山に朝も夜もいられる喜びを

　山に泊まるとなると、多少なりとも荷物が増えます。日ごろ日帰り登山が多い方は、山小屋までの登山道に危険箇所が少なく、歩行時間は4時間程度までのところを選ぶことをおすすめします。そのぶん山小屋でゆったりとした時間を楽しめます。また、山小屋をベースに、憧れのピークに立てたり、高山の貴重な自然をゆっくり楽しむことができたら、なお山の世界が広がるでしょう。

　ここでは上記をふまえて、アルプスと八ヶ岳周辺の山小屋から、はじめての山小屋泊まりの方にもおすすめの山小屋とプランを紹介します。山に泊まるからこそ味わえる時間を堪能してください。

八ヶ岳周辺

赤岳鉱泉

広々清潔でご飯も名物。夏はお風呂も

　赤岳鉱泉までの道のりの前半は林道歩き。最後の1時間が登山道になります。標高差が少ないため、初心者にもおすすめです。沢にかかる橋をいくつか渡りながら山小屋に向かうと、横岳西壁という険しい岩壁が目に飛び込んできます。赤岳鉱泉はこのたもとにあります。夕食はステーキやポトフなど日替わり。朝食は焼き魚。食事を楽しみに訪れる登山者も多い。夏は鉱泉のお風呂も。阿弥陀岳、赤岳のコースもありますが、初心者は硫黄岳がおすすめ。

針葉樹の森に囲まれた立地。小屋前にはテラスがある。カレーやラーメンなどランチも充実

DATA JR中央本線茅野駅からバスで1時間、美濃戸口バス停から徒歩3時間　☎090-4824-9986／営業期間＝通年／1泊2食付1万2000円〜

双子池ヒュッテ

双子池のほとりに立つ
おいしさ満点の山小屋

　最短は大河原峠から、おだやかな起伏の双子山を越えてヒュッテへ。北八ヶ岳ロープウェイを使って標高を上げたのち、北横岳を越えて森を歩き亀甲池をめぐるコースもある（健脚向き）ので、帰路にこちらを選ぶのもおすすめです。名前のとおり雄池と雌池の2つの池のほとりに立ち、森に囲まれたひっそりとしたロケーション。食事のおいしさも人気の理由。

DATA 中部横断自動車道佐久南ICから車で1時間20分の大河原峠から徒歩50分　☎090-4821-5200／営業期間＝GW～11月中旬（年末年始、冬期週末の営業もあり）／1泊2食付1万円～　冬期は暖房費+500円

上／雄池と雌池の間に立つ双子池ヒュッテ　左／ランチメニューも充実。写真は鴨肉のどんぶりと山麓のクラフトビール

ヒュッテみさやま

滞在スタイルが選べて全個室。
子連れファミリーにも安心

　八島湿原バス停から湿原の散策路を歩いて30分。旧御射山神社近くにたたずむヒュッテみさやま。八島湿原から車山縦走など、ヒュッテをベースにしたプランは多彩。朝食付、2食付、素泊まりなど滞在スタイルが選べ、全個室。自炊室（要予約、現在1組限定）もあり、食材の持ち込みも自由。小さな子連れファミリーから3世代ハイキングまで安心して滞在できます。

DATA JR中央本線上諏訪駅からバスで45分、八島湿原バス停から徒歩30分　☎0266-75-2370／営業期間＝通年／1泊2食付8500円～　冬期は暖房費＋500円

上／ヒュッテの前には小川が流れ、木陰でランチやお茶が楽しめる　左／薪ストーブの置かれたダイニング。管理人夫妻のセンスのよさが光る空間

🏠 唐松岳頂上山荘
（からまつだけちょうじょうさんそう）

**稜線に立つ山小屋で
朝日、夕日も堪能**

白馬八方尾根スキー場のゴンドラとリフトを使い八方池山荘へ（P42を参照）。そこから八方尾根を登っていきます。上部はザレ場や岩場の通過もあり注意が必要です。唐松岳山頂直下、北アルプス主稜線に立つ唐松岳頂上山荘は、四方八方の眺めがすばらしく、西には剱岳の雄姿をはじめとした剱・立山連峰、東は麓の白馬村を一望できます。建物内は、ウッディな雰囲気で居心地がよく、翌朝に唐松岳から日の出を拝むのも楽しみです。

上／唐松岳山頂まで20分の稜線に立つ唐松岳頂上山荘。展望が抜群だ　左／大きくとられた窓から剱岳方面が望める食堂

DATA P42を参照

🏠 みくりが池温泉

**かけ流しの湯、
立山と日本海の展望**

立山黒部アルペンルートを使って室堂バスターミナルへ。これだけでも旅情感たっぷり、山岳景観を楽しめます。ターミナルからみくりが池温泉までは石段の道。富山の幸も味わえる食事や、かけ流しの源泉の湯が魅力です。目の前には立山全山が見わたせ、夜になると日本海の漁火が見えることも。一ノ越や室堂山、弥陀ヶ原までのコースなどが楽しめます。

上／白濁したお湯が満たされた浴槽。窓からは雲海が見えるときも　左／標高2410m、みくりが池の上に立つ

DATA 立山黒部アルペンルート室堂ターミナルから徒歩15分　☎076-463-1441／営業期間＝4月中旬〜11月下旬／1泊2食付1万800円〜

長衛小屋
ちょう えい ご や

百名山の仙丈ヶ岳と
甲斐駒ヶ岳のベースに

　長野県伊那市の仙流荘前からバスに乗り
北沢峠まで1時間弱。長衛小屋は北沢の流
れのほとりにあります。長野県戸台の山案
内人であった竹澤長衛が建てた山小屋を引
き継ぎ、2012年に新築されて居心地がよ
い。業績を顕彰するレリーフもあります。
仙丈ヶ岳と甲斐駒ヶ岳という2つの名峰
に登るに便利な位置に立っています。

DATA JR飯田線伊那市駅からタクシーで30分、
仙流荘前からバスで55分、北沢峠バス停下車、
徒歩10分　☎ 090-2227-0360／営業期間
＝6月中旬～11月上旬（GW、年末年始の営業
あり）／1泊2食付1万100円～

上／森のなか、川のほとりに立つ　左／広々とした就寝スペース。コインシャワーや談話室には薪ストーブがあり、ゆったり過ごせる

仙丈小屋
せん じょう ご や

山に包み込まれたような
ロケーション

　仙丈ヶ岳は2つのカールがあるたおや
かな山容、高山植物も豊富です。仙丈小屋
は藪沢カールのなかにあります。山に包み
込まれたような感覚があり、甲斐駒ヶ岳や
中央アルプスの展望もすばらしいです。パ
キスタン風の無水カレーも楽しめる異色の
山小屋。2021年に増築されたテラスが大
人気（▶P140）。南アルプスの名峰、仙丈ヶ
岳登山のベースとして、この山を味わい尽
くすのにぴったりです。

DATA 北沢峠から徒歩4時間20分。
☎ 090-1883-3033／営業期間＝6月中
旬～10月下旬／1泊2食付1万2000円～

上／仙丈ヶ岳山頂から広がる藪沢カールのなかに立つ　左／甲斐駒ヶ岳、中央アルプスなどの展望があり、窓からの眺めもすばらしい

CHAPTER 07 山小屋に泊まる

初心者におすすめの山小屋

山のおみやげ 2

山小屋オリジナルグッズは、ふだん使いもできるものも。
散歩やお出かけや仕事に、さりげなく活躍してくれます。
日々の生活に山のおみやげがあると楽しいですね。

金峰山小屋／奥秩父

切り絵作家の後藤郁子さんが描くホシガラスを表紙にあしらったコクヨの「野帳SKETCH BOOK」。表紙が厚いため、野外で立ったままでもメモしやすく、登山者やフィールドワーカーに愛用者が多数。中は薄地のマス目で、文章を書くにも絵を描くにも使いやすく、手にしたそのときから、山での出来事を書き留めたくなります。下山後の温泉やおいしいごはん、山で感じたこと……。そんなあれこれを綴ったスケッチブックを見返す時間も、きっと特別なものにしてくれるホシガラスの手帳です。

野帳 SKETCHBOOK　1000 円、山小屋で販売
https://www.kimpou.com/
https://ikuko510.stores.jp/

蓼科山荘・双子池ヒュッテ／八ヶ岳

蓼科山荘・双子池ヒュッテと「コシラエル」さんのコラボ。傘の生地を使ったサコッシュです。撥水性が高く、丈夫で軽量。前面にポケットがあり、開閉はジッパー。肩紐の長さは簡単に調整ができます。山歩きにぴったりなデザインで、無地5色と柄物が2種類。柄物は生地の出かたによって柄が変わるため、どれも一点ものです。ポイントは、刺繍であしらわれた蓼科山荘・双子池ヒュッテのロゴ。無地は男性にも使いやすく、プレゼントにもおすすめ。

サコッシュ／無地（Red、Blue、Navy、Green、Khaki）3000 円、
サコッシュ／柄物（Blue stripe、Sable）3500 円、山小屋で販売
https://www.tateshina2531.com/
https://www.cocilaelle.com/

槍平小屋／北アルプス

「花籠や」がデザインした「山付箋」。夜に槍平小屋の裏手にあるテント場から北穂高岳滝谷と涸沢岳を見上げた絵柄と、槍平小屋を経て飛騨沢ルートから登り槍ヶ岳が目に飛び込んできたときの眺めの2種類があります。どちらも槍平小屋らしいデザインで、買い物のメモや仕事、贈り物に添えるメッセージなどに使うと、槍平小屋での思い出が蘇ってくるようです。日常の生活に山を感じられるアイテムです。

付箋（2種類、71 × 46mm、各 30 枚）
2種類セットで 600 円、山小屋と
webで販売
https://www.yaridaira.jp/
http://www.hanakagoya.jpn.org/

8章

山のマナー&
いざに備える

守りたいマナーやいざというときの対処法、
おさえておきましょう

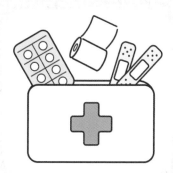

山のマナー

気持ちよく山に登るためにも大切に考えたい山のマナー。
自然にローインパクトな山歩きの基本をおさえておきましょう。

▲▲▲ ▽ ▲▲▲ ▽ ▲▲▲ ▽ ▲▲▲ ▽ ▲▲▲ ▽ ▲▲▲ ▽ ▲▲▲ ▽ ▲▲▲

自然環境への配慮

▶ 自分のゴミは持ち帰る

山小屋などにゴミ箱がある場合でも、「山小屋で購入したもののみ」というケースもあります（持参した食糧のゴミも捨ててよいかは確認）。山ではヘリコプターや人力でゴミを山から下ろし、ゴミ処理場に運搬します。これには膨大な費用と手間がかかります。基本的に自分のゴミは自分で持ち帰り、自然に負荷のかからない山登りを実践したいですね。

▶ 採らない、持ち帰らない

国立公園などでは、咲いている花はもちろん、落ち葉や小石ひとつ持ち帰ってはならないという法律があります。そこにあるからこそ美しく、自然の生態系を成している一員です。かわいい形の小石や落ち葉などを見つけたら、写真を撮ったり、飽くことなく眺めて楽しみましょう。山に来たときと帰るときで、なにも変わらぬ状態であることがベストです。

▶ ルートを外れない

登山道のないところを行くスタイルもありますが、いわゆるハイキングの場合は、決められた登山道を歩くことがルールです。多くの登山者が道を外れて歩くと、林床の草木や高山植物にダメージを与えかねません。山は環境が厳しいので、一度壊れると回復に長い年月がかかります。登山の楽しさを知っている私たちが率先して、自然を守りたいですね。

高山植物のなかには、盗掘され絶滅が危惧される種もある。北岳にしか自生しないキタダケソウもそのひとつ

植生保護のために登山道脇に立ち入らないよう柵が設置されているところも。丹沢・大倉尾根で

登山道で登り下り、どちらが優先？

▶ 状況に応じて譲り合う

ほとんどの登山道が登り下りと同じ道を使うため、すれ違いがあります。車道のように2車線あるわけではないので、タイミングを見計らって譲り合います。登りと下りのどちらかを優先するというルールはありません。下りの人がよけにくい場所にいるときや、登りの人がひと息つきたいタイミングもあります。一方が大人数のグループの場合は、ひとりの登山者を先に通す配慮も必要でしょう。

相手と顔を見合わせれば、どちらがスムーズかはわかります。思いやりをもって、道を譲るようにしましょう。

▶ 山側によける！

Look out!
キケン！
転倒・滑落につながります。

道を譲る場合は、山側によけます。すれ違い中の転落事故は大ケガにつながることもあります。安全によけられる場所がなければ、そこではすれ違えないと考え、別の場所を探してください。よけるときは、バックパックを山側にし、すれ違う相手の方に顔を向けます。相手の動きをよく観察します。すれ違い時に相手に引っかかって滑落する事故も多いので、譲られる側も、慎重に通過しましょう。

一見谷側のほうが開けてよけやすいかもしれません。けれど絶対に谷側に立ってはいけません。万が一、相手の何かに引っかかってバランスを崩したら、転落のおそれがあります。相手が谷側によけて道を空けてくれるようなことがあったら、「山側に寄ってもらえますか」と言うか、自分が山側によけて道を譲るなどしましょう。滑落の危険がないように見えても、山側によける習慣をつけましょう。

落下物はキケン！

▶ 上からモノが落ちてくるって？

　登山道にも石や岩が落ちてくる可能性もあります。落石はとても危険です。落石は自然発生もありますが、浮石（不安定な石）に登山者が乗ったりふれたりして落とすことも。地形的に不安定でひんぱんに落石が起きる場所もあります。そういったところでは通常、登山道は迂回しています。そのほか、雨後には、地盤が緩んで落石が起こりやすい状況になります。

　谷筋や不安定な浮石が多いガレ場などは、落石が起きやすい場所です。このようなところでは上部に注意を払いながら、すみやかに通過しましょう。

▶ 落としやすい持ち物

　登山者が自分の持ち物を落とすこともあります。小さなものでも落下物が人に当たると、危険です。絶対に落とさないようにしてください。とくに落としやすい持ち物は、バックパック本体、水筒などの小物です。バックパックの外に装着した装備は落としやすかったり、枝などに引っかかり自分自身がバランスを崩す危険があります。

Look out!
モノは落とさない！

▶ 落としやすいシチュエーション

　休憩のときに不安定なところにバックパックを置き、転がっていくのを実際に見たことがあります。万が一、下部に登山者がいた場合、迷惑や危害を与えるだけでなく、自分が装備を失うことにもなります。水筒も転がりやすいので、必ず安定したところに置くこと。バックパックの脇のポケットに入れた水筒も、かがんだときなどに落とす可能性があります。周囲に与える危険も考え、水筒はバックパック本体に入れましょう。

落としてしまったら

▶ 「ラク!」と大声で知らせる

大きな声で「ラク!」と叫び、周囲に危険を知らせます。自分より下方に向かって叫んでください。登山者が見当たらなくても、落下物がどこまで落ちていくかわかりませんし、登山者が影に隠れて見えないこともあり得ますので、知らせるようにしましょう。英語圏では「Rock!」と言います。音が似ているので、ラクと叫んでも案外通じたりします。

▶ 追いかけは厳禁

装備を落とした場合は、むやみに追いかけるのはやめましょう。慌てて追いかけて自分も滑落してしまう事故があります。取りに行く場合は周囲の安全を確認し、取りに行きます。崖など安全が確保されない場所に落ちた場合は、無理は禁物です。装備を失った状態で、すみやかに安全に下山する方法を考え、行動するしかありません。

モノが落ちてきたら

▶ 目をそらさない

よけるために、落下物から目をそらさないように。背を向けて逃げるのではなく、最後まで落下物の行方を確認しながら、落ちてこない方向へ逃げるようにします。落下物と反対方向、現在地よりも高台に上がります。足場を確認し、落ち着いて行動してください。

▶ 自分が落とさずとも「ラク!」

自分が落とした場合でなくても、「ラク!」と大きな声で周囲に知らせてください。最初の人の声が届かないこともありますし、ほかの音にかき消されているかもしれません。「ラク!」と聞いたら同じかけ声を声と声でリレーしていき、情報が広く伝わるようにしましょう。

山歩きのギモン Q&A

気になるけどなかなか聞けない。そんな山歩きの疑問や不安について、
体調編と行動編にわけてお答えします。

体調編

「Q 運動が苦手でも大丈夫？」

> A　山歩きは誰でも取りかかりやすい！
> まずは、はじめてみて

山歩きは「歩く」ことが基本なので、誰でもはじめやすいのがいい点です。高度なことをやるようになってくると、相応の身体能力や技術も必要ですが、山の楽しみ方はそれぞれ。自分に合った方法を見つけることができるはずです。

また、自分のスタイルをつくっていくのも、山登りの楽しみのひとつ。運動が苦手と気後れせずに、まずは登ってみてはいかがでしょう。苦手意識が働くと、どうしても体の動きも悪くなります。ネガティブ思考はどこかに放り投げて、いいイメージをもって取り組んだほうが、ずっと楽しいはずです。

「Q 山に登ると膝が痛くなります」

> A　筋力不足なら筋トレを。
> 痛みがでたら冷やすのが肝心

膝の痛みを軽減する方法は、トレッキングポールを使って脚への衝撃を少なくする、サポーターで筋肉をサポートするなどがあります（▶P126）。これらは対処療法ですので、膝痛の原因を探ることが大切です。筋肉疲労、筋肉不足であれば、大腿四頭筋を中心とした筋トレに励む（▶P117）、ケガの後遺症や膝の形自体に問題がある場合は、医師の診断も重要です。体重過多も膝に負担がかかります。どんな原因であれ、下山後に膝の痛みを感じたら、早急に冷やして炎症をやわらげましょう（▶P130）。

Q 下山した翌朝はいつも体重が増えています

A むくみが原因の可能性が

下山後に体重計に乗ってがっかりした話はよく聞きます。疲労が激しい登山であるほど、むくみが生じている可能性があります。登山中、体が脱水傾向になると、体内に水分を保持しようと、むくみます。また、筋肉痛があれば血液中に乳酸が蓄積し、血液の流れがわるく老廃物がたまります。これもむくみの原因です。下山後は、充分な水分補給、ストレッチングなどをして、むくみを軽減させましょう。

Q 山登りでダイエットはできますか？

A 継続的な登山でダイエットが期待できます

答えはイエスでありノーです。飲まず食わずで登り、体重を減らそうと考えるのは適切ではありません。自然のなかには、大小のリスクが常にあります。食事を摂らずに登り続けるのは、栄養不足で疲れてバテるだけでなく、脳にも栄養がいきわたらなくなり判断を誤る原因にもなりかねません。1回の登山でダイエットを考えるのはNGです。登山中は必要な水分と栄養を摂取し、体へのダメージを減らすことが大切です。

一方で、登山を継続することでダイエットにつながる期待はできます。登山は有酸素運動ですので脂肪を燃焼させますし、筋肉がついて基礎代謝量もアップするでしょう。

Q 登山は楽しくても、腰が痛くなります

A 腹筋や背筋不足かも。つづくようであれば専門医の受診を

膝痛同様、原因がなんであるかを調べてみましょう。荷物を背負い、その姿勢を保持しながら不整地を登り下りするための腹筋や背筋が不足していることも考えられます。内科的な病気が原因の場合もあるため、つづくようであれば専門医を受診しましょう。ストレッチングやコルセットの利用で痛みを軽減できることもあります。

Q 高山病が不安です。どんな症状ですか？

A 頭痛がもっとも多く、倦怠感、吐き気なども

標高が上がると、空気中の酸素濃度が薄くなります。1800mで80％、3000mで68％、3500mで64％になります。そのため標高を上げると、体に取り込める酸素も減ってくるため、体にはさまざまな反応が出ます。急性高山病の症状でいちばん多いのは、頭痛です。ほかに、消化器の症状（食欲不振、吐き気、嘔吐）、倦怠感、虚脱感、めまいまたはもうろう、睡眠障害などがあります。標高2500m地点に急激に登った場合、25％の人に前述の症状のうち３つ以上が表れ、標高3500m以上では、ほとんどの人がいずれかの症状を経験するというデータがあります。

急性高山病は誰もが経験し、これを経て標高に体が順化していくのだと考えます。しかし、重篤になると生命の危機につながります。高地肺水腫、高地脳浮腫になる場合もあります。悪化すると、医療機関への早期搬送が必要となります。予防が大切であり、正しい知識と対策が必要です。

Q 高山病の予防と対処法を教えてください

A ゆっくりと高度を上げる、症状が出たら標高を下げることです

バスやロープウェイなどで急激に高度を上げた場合は、そこに１泊するかまたは数時間でも滞在してから登山を開始すると、楽になります。初期症状をよく自覚すること。呼吸が浅くならないように気をつけます。ときには深呼吸して、たくさん空気を取り込むようにしましょう。また、症状が出た場合は、標高を下げるか、それ以上高いところには宿泊しないようにします。

Q 夏休みを利用してはじめて山に登ります。初心者なので高尾山など低い山がいいと思うのですが…

A　夏、高温多湿の低山は不向き。熱中症のリスクがあります

高尾山が絶対によくないというわけではありませんが、夏、標高の低い山は高温多湿になり、山歩きにはあまり適しません。また、高い山であっても歩きはじめの部分の標高が低かったり、風が通らない樹林帯だったりすると、同じような環境に。このようなときにとくに注意したいのが、熱中症と脱水症です。

　熱中症の予防は、風通しのよいウェアの着用、帽子をかぶる、木陰など直射日光が避けられる風通しのよい場所で定期的に休むなどです。脱水症の予防は充分な水分摂取（▶P103）。電解質を含むスポーツドリンクが有効です。

Q では、盛夏に登るのにおすすめの山は？

A　標高の高い山へ行きましょう。ロープウェイなどを使う方法も

せっかくなので涼しいところへ行きましょう。交通機関で、ある程度標高を上げられる山であれば、山頂までの行動時間も短く、初級の方にもおすすめできます。霧ヶ峰や八島ヶ原湿原、ロープウェイでアプローチする八方尾根周辺や木曽駒ヶ岳など（▶P42〜43）。あるいは上高地周辺の散策。

　標高を100m上げると、気温は0.6℃下がります。風や直射日光の影響もありますので、あくまでも目安になりますが、たとえば標高約1500mの上高地は、0mの土地よりも9℃も涼しい計算になります。

　一方で標高が高いということは、樹林帯を抜けて風や雨の影響を直接受けることになります。また、気温が低いので、天候の見極めと、気象条件にあった装備やウェアの準備も必要です。

　低山から登ってみたい、という方は、沢沿いや滝めぐりなどができるルートでしたら、比較的涼しく歩くことができるでしょう。

Q 登山道にある赤いテープは どんな意味があるの？

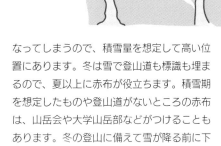

> A 登山道の目印です

登山道にある赤いテープを、「赤布」と呼びます。目印であり、「こちらに進んでOK」「道はあっているよ」という印です。山小屋の管理人が迷いやすい箇所につけることもあります。樹木の高い位置に赤布を見つけることもありませんか。これは積雪期を想定したものです。低い位置では雪の下になってしまうので、積雪量を想定して高い位置にあります。冬は雪で登山道も標識も埋まるので、夏以上に赤布が役立ちます。積雪期を想定したものや登山道がないところの赤布は、山岳会や大学山岳部などがつけることもあります。冬の登山に備えて雪が降る前に下見をして、赤布をつけています。

Q トレッキングポールはあったほうがよい？

> A 筋力に自信がない、下りが苦手、ケガをしたことがある人は使用がおすすめ

トレッキングポールなしでも安定して歩ける筋力や歩行技術、経験があれば、なくてもかまいません。けれど、もし心配であれば、迷わず持っていくようにしましょう。トレッキングポールは、3〜4段階に伸縮したり折りたためるようになっています。サイズによっては、バックパックの中に納まります。

歩き慣れない。下りが苦手。筋力に自信がない。膝をケガしたことがあり心細い。などの理由があれば、躊躇せず使うとよいですね。下りだけ使うという方法もあります。疲労がくる前に使い始めるのもコツです。

両手に持つ2本のタイプは推進力があるので登りにも有効です。下りでは両方の手で歩行をサポートします。一方で、片手に持つ1本のタイプは、もう一方の手がフリーになるので、岩などを持ってバランスをとることができ、小回りが利きます。狭い登山道では、1本のほうが使いやすい場合もあります。

若くて体力もある方、筋力のある方、運動経験が豊富の方は、あえてトレッキングポールを使う必要はありません。トレッキングポールなしのほうが歩行技術の上達が早いケースがあります。登山道は凸凹しており、一定の路面ではありません。そのような状況のなか、両足だけにたよって足の置き場を考え、体の向きを調整しながら体重移動をしていきます。トレッキングポールにたよらず、この動きをマスターできれば心強いです（トレッキングポールの使い方はP127を参照）。

「Q 山の水は飲めますか？」

A　飲用可かどうか確認を。季節によって水量が異なります

おいしい清水や湧き水を飲める場所もあれば、飲めない場所もあります。上部に山小屋がある沢、硫黄成分が強い沢、北海道のエキノコックスなど細菌のおそれがある沢などは飲めません。登山地図やガイドブックには飲用に適している水場にマーキングしてあります（▶P21）。

登山の前に、水を補給できる箇所を確認するのは大切です。ペットボトルを売っている山小屋もあります。天然の水場は、雪解けから夏にかけては充分な水量があっても、秋になると涸れる場合もあるので、要確認です。

「Q 山頂から見える山の名前がわかりません」

A　地図とコンパスを使って調べてみましょう

山頂からの眺めは、登山の楽しみのひとつ。周囲の山の名前がわかれば、もっとおもしろいと思います。そんなときには、地図とコンパスを出しましょう。地図は登山地図でも地形図でもどちらでも構いません。山頂は地図とコンパスを使って周囲の地形を読むのには好都合の場所です。自分が今山頂にいることが確実にわかっているからです。現在地が確定できていれば、あとは簡単です。

平らなところで地図を広げ、コンパスを置きます。コンパスが差す北と地図の北を合わせます。地図の北は上ですね。正確な方向に地図を置いたことになります。これを「正置」といいます。あとは、見える山と地図を照らし合わせて、山名を確定してください。これを「山座同定」といいます。

厳密にいうと、山座同定に必要な情報は方角だけではありません。距離も重要になります。けれどこれには経験も必要なので、まずは地図を広げ、コンパスを使って、地図にある山と目の前に広がる山を照らし合わせる作業に慣れてみてください。また、山座同定だけでなく、自分たちが登ってきたコースが山頂のどちらの方角にあるのか、下山にはどちらの方角へコースをたどったらよいのかも、確認してみましょう。

「Q 山のトイレはどうして有料？」

A 管理にお金がかかるからです

山　小屋のトイレの糞尿はタンクに貯めてヘリコプターで下ろしたり、バイオトイレのように微生物の働きによって分解させたりします。いずれも管理や処理にかかる費用は街よりも高額です。近年高騰しているヘリコプターの燃料代もかかります。山は気温が低いのでバイオトイレを維持するには、24

時間電気で動かす必要があります。そのため山小屋の発電機を終日動かさなければならず、燃料費もかかります。トイレを管理しているのは山小屋のケースが多いですが、トイレは宿泊者に限らず通りがかりの登山者も利用します。使用者から集金しないと、これらを維持できない状況なのです。

「Q ガイドブックのコースタイム通りに歩けません」

A コースタイム通りに歩く必要はありません

自　分の体力や技術を把握し、見合った計画を立てることが重要です。コースタイムより時間がかかるのであれば、それを見越して全体の計画を立て、遅くならないうちに山小屋に入る、日没時刻よりも余裕をもって下山するようにすることが大切です。

　登りのタイムが遅いのか下りが遅いのか、

一日の後半が遅くなるのかなど自分の傾向をつかんでみましょう。登りが遅いのは体力に由来することが多く、下りは技術や経験が必要です。後半に遅くなるのであれば、前半が早すぎるのかもしれません。歩き始めのペースを落として、疲れをためないように。

「Q 巻き道ってなに？」

A ピークを踏まずに山腹を行く道です

ガ　イドブックや登山地図に「巻き道」とありますね。真っすぐに登れば早いけれど、途中に岩場があるときは、それを避け回り道をするように山頂へ向かうケースがあります。時間はかかってもそのほうが安全です。また、山頂を踏まずに山腹を横切ること

を指す場合もあり、「トラバースする」ともいいます。山頂はパスすることになりますが、登り下りがないぶん時間と体力をセーブできます。こういったコースを「巻き道」といいます。自分自身の体力や技術、時間配分を考えて、どちらかを選ぶとよいでしょう。

慌てず、確認。戻るが肝心

道迷いを防ぐ

遭難原因のトップが「道迷い」。迷わないようにするのが肝心ですが、
もしも迷ってしまったら、最小限のダメージでリカバリーすることが大切です。

▲▲▲ ▼ ▲▲▲ ▼ ▲▲▲ ▼ ▲▲▲ ▼ ▲▲▲ ▼ ▲▲▲ ▼ ▲▲▲ ▼ ▲▲▲

▶ 道に迷わないために

計画の段階でコースの概要を頭に描けるようにします。とくに間違いやすいポイントについては、用心するようにしましょう。また、登山中は地図とコンパスを使って、現在地を確認します。分岐点、山頂にたどり着いたあとどちらの方向に下りるかは、重要です。確認を怠ると、いざ迷ったときに、どこまで正

コンパスと地図を用いてこまめに現在地を確認する

しいコースを歩いていたかわからなくなってしまいます。地図やコンパスの使い方は、「読図（どくず）」がテーマの書籍や講習会で勉強するようにしましょう。

▶ 迷ったと思ったら

どこまで正しいコースを歩いていたか、思い出すようにします。現在地がわかるところまで、慎重に戻りましょう。つい「大丈夫だ」とか「こちらからも行けるかもしれない」と根拠のない考えで進みがちです。しかし、早

めに戻ることが肝要。とくに、わからないまま沢地形を下りていくと、どうにもならない滝や崖に出くわし、危険な場合も。また、帰宅後、なぜ間違えたのか、地図を眺めながら考えると、次につながります。

▶ 暗くなってしまったら

道迷いに限らず、なにかトラブルがあって山中で日が暮れてしまうこともあり得ます。たとえ日帰りの登山であってもヘッドランプは必携です。これがないと、街灯などない山のなかではなにをすることもできません。

また、針葉樹の樹林帯は日が差し込みにくく、早い時間から薄暗くなります。山に行く前に、その日の日没の時刻を調べ、最低でも日没の3時間前には下山できるように計画

しましょう。そうすれば、なにかあったときにもリカバリーができます。

経験すると実感しますが、ヘッドランプの明かりだけで歩くのは大変です。焦らず、足元に気をつけて歩いてください。もし、それ以上進めなくなった場合や、現在地がわからなくなり解決できなくなったら、ツェルトをかぶって夜が明けるのを待つのもひとつの方法です（▶P169）。

カミナリ対処法

平地と比べて急変しやすいのが山の天気です。もっとも注意が
必要なのがカミナリ。その対処法は必ず頭に入れておきましょう。

大気が不安定＝カミナリに注意

平地で暖められた湿った空気が、山肌に沿って上昇し雲をつくります。とくに大きな山脈が連なっているような場所では、雲も短時間で大きく発達しやすいのです。天気予報で「上空に寒気が入り、大気が不安定な状態です」という情報が出ているときは要注意。上昇気流も強くなり、雲が発達しやすく、豪雨やカミナリの危険が高くなります。

山ではどうしたらいい？

まず、天気予報を確認。上記のような状態になっているとき、カミナリ注意報が出ているときは、山に行くのを中止するか、少なくとも午後の早い時間には行動を終えるように。とくに、身を隠す場所がない稜線を歩く予定の日などは、ルートを変える、山小屋に停滞、という判断も必要です。

それでも、カミナリを予測するのは困難なことも多くあります。平地より山の上の積乱雲の発達スピードははるかに速く、カミナリ雲の移動速度は時速10km～40km程度。頭上に黒い雲が広がってきたら、30分もしないうちに落雷の危険があると思ってください。急に冷たい風が吹く、ヒョウが降るのもカミナリの前兆です。

山小屋が近くにあれば、すぐに避難を。稜線上にいたらすぐに下り、窪地があればそこで身を低くします。稜線以外でも、湿原、壁のないあずまや、岩場、木の下なども大変危険です。

こんな場所はキケン！

あずまや

木のそば

軒下

退避のキホンを知っておこう

ハイマツや岩陰で身をかがめる

身をかがめるときは、地面との接地面を小さく、衣類や紙など電気を通しにくい素材のものの上に

カミナリは突起物に落ちやすいため、トレッキングポールが突き出た状態は危険。すぐに取り外して

※参考資料＝気象庁ウェブサイトhttp://www.jma.go.jp/jma/kishou/know/tenki_chuui/tenki_chuui_p1.html
『やさしい山のお天気教室』（栗澤 徹／枻出版社）

危険生物から身を守る

山で遭遇したくない虫や動物。さまざまな生き物がすむ自然に
身をおいていることを自覚して、対処法を知っておきましょう。

▲▲▲ ▽ ▲▲▲ ▽ ▲▲▲ ▽ ▲▲▲ ▽ ▲▲▲ ▽ ▲▲▲ ▽ ▲▲▲ ▽ ▲▲▲

遭わない、近づかないようにするのが第一

山には、クマ、ハチ、ヘビ、マダニをはじめ、襲われると重篤な傷や、ときには命にかかわるようなダメージを受けることもある生き物もすんでいます。このような生物には、近づかない、出遭わないようにするのがもっとも大切です。

▶ クマ　◆ 出没情報、痕跡に注意を

クマによる人身被害のほとんどは、出会い頭に起こるとされています。クマは基本的に憶病なため、クマが先に人間の存在に気づけば、クマのほうから逃げていきます。登山中、ひと気のない場所を歩くときはとくに、クマ鈴やラジオなどを鳴らすなどして人の存在を知らせましょう。ただし、近年個体によっては、人を恐れず活動域を広げるクマも確認されています。自治体やビジターセンター、山小屋などでは、クマ出没・目撃情報を掲示、発信しています。歩く予定のコース周辺で出没している場合は、計画の変更が賢明です。

また、歩いているときには、クマが近くにいることを示す痕跡にも注意を。クマ棚、クマ剥ぎ、フンなどです。真新しい痕跡を見つけたらすみやかにその場を離れましょう。

万が一遭遇したら、背中を見せず静かに距離をとります。至近距離まで突進してきたらバックパックを背負ったまま地面にうつ伏せになり、両手を首の後ろで組む防御姿勢を。

本州・四国にすむツキノワグマ。ヒグマは北海道のみに生息

クマのフン。食べたものによって色が変わる

クマ棚。枝を折って手繰り寄せ、木の実などを食べた痕跡

クマ剥ぎ。樹皮を剥いで中の虫や樹液を食べた痕跡

写真3点提供＝（一財）自然公園財団 日光支部

ハチ ◆ アナフィラキシーショックを起こす危険性

ハチの仲間のなかでも攻撃性、毒性が強いのが、低山の森林に多く生息するスズメバチです。刺された場合、アナフィラキシーショックを起こし、死に至るおそれもあります。過去にハチに刺されたことのある人が、ショックを起こしやすいですが、複数箇所を刺された場合、一度目でもその危険があります。

ハチの被害が多いのは、8〜9月。巣を守るために攻撃をすることが多いので、巣に近づかないのが基本ですが、巣に気づかないこともあります。ハチが周囲をホバリングし、数が増えてきたら要注意。近くに巣があるか

もしれません。カチカチと音を鳴らすのは威嚇音です。静かにその場を離れます。

ハチは黒いものや匂いに反応して攻撃してきます。黒い服装や香水、香りの強い整髪料などは山歩きには避けましょう。

キイロスズメバチ。国内のスズメバチの被害がもっとも多い種。木の枝、土の中、崖などさまざまな場所に巣をつくる

マダニ ◆ さまざまな感染症を媒介

草むらなどで、人間や動物の体に噛みついて吸血します。日本紅斑熱、ライム病、ダニ媒介性脳炎など多くの感染症を媒介します。

マダニ。通常の体長は3mmほどだが、吸血後は、1cmほどまで大きくなる

とくに、致死率約20%とされるSFTS（重症熱性血小板減少症候群）が全国で拡大、2022年は過去最多を更新しました。肌を露出しないこと、虫よけスプレーも有効です。噛まれているのを発見したら、皮膚科に行くか、ピンセットで慎重に引き抜きます。2週間以内に発熱など体調の変化があったら、医療機関を受診しましょう。

ヘビ ◆ 不用意に草むらに手や足をつかない

日本には、ニホンマムシ、ヤマカガシ、ハブ（南西諸島に生息）などの毒ヘビがいます。草むらに手や足をついた際に噛まれる事故が多く、登山道を外れずに歩くことが大切です。ヘビに噛まれたら一刻も早く医療機関へ。ヘビ毒は種類によって血清が異なるため、ヘビの写真を撮っておくと治療時に役に立ちます。

ヤマカガシ。患部以外にも、内臓出血など全身性の出血傾向のある毒をもつ

ニホンマムシ。毒が筋肉などの組織を壊死させてしまい、重い後遺症が残ることもある

監修／羽根田 治　参考文献／『野外毒本 被害実例から知る日本の危険生物』（羽根田 治／山と溪谷社）
『クマ類の出没対応マニュアル −改定版−』（環境省）

ファーストエイドキット

万が一のケガや病気に備え、ファーストエイドキットを用意しましょう。
行き先や日数、それぞれの体調によってアレンジしてください。

▲▲▲ ▼ ▲▲▲ ▼ ▲▲▲ ▼ ▲▲▲ ▼ ▲▲▲ ▼ ▲▲▲ ▼ ▲▲▲ ▼ ▲▲▲

山登りにファーストエイドが重要なワケ

登山中に体調不良になったりケガをしても、すぐに病院に行くことはできません。ファーストエイドのキットや技術、知識は、登山装備のひとつと考えましょう。

登山中の病気やケガは、医療従事者ではない人（本人や一緒に登っている仲間など）が対応する場合がほとんどです。また、医療機関に運ぶにしても時間がかかります。その間傷病者は、ときには雨や寒さなど過酷な条件下にあります。私たち登山者が、止血や、受傷した手足を固定する、体を保温するなど適切な対処ができることが望ましいです。

なにを持っていけばよい？

万が一のケガや病気に備え、ファーストエイドキットを用意しましょう。ハチに刺された経験のある人やアナフィラキシー既往の人は、医療機関でアドレナリン自己注射薬（エピペン）を処方してもらいましょう。また、

傷口を洗うためには真水も必要です。小さなペットボトルでよいので真水を用意しましょう。右ページで示すもの以外に、ハサミ、ピンセット、とげぬきもあると便利です。手当てでやむを得ずウェアを切ることもあります。

ファーストエイド・救急法の講座

消防署などが開催している救急法の講習会が設定するシーンと、登山中の状況は異なりますが、まずは街前提の講習会で基本を学ぶとよいでしょう。レスキュー（人工）呼吸や胸部圧迫（心臓マッサージ）、ケガの手当て

などです。登山中を想定した野外救急法は、すぐに医療機関に搬送できない状況で傷病をどのように評価して対応するか、また、厳しい自然環境下でなるべく状況を悪化させずに医療機関に引き継ぐ方法を学びます。

一般的な救急法講座
☑ メディック・ファーストエイド・ジャパン
http://www.mfa-japan.com/

野外救急法講座
☑ ウィルダネス メディカル アソシエイツ ジャパン
http://www.wmajapan.com/

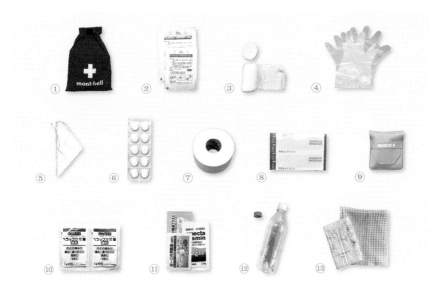

❶ スタッフバッグ
キット一式を防水性のあるバッグに入れる。赤など目立つ色のほうが、いざというときに探しやすいので便利

❷ 外傷手当て用の無菌ガーゼ
切ったり折ったりして大きさを変えられるよう、大きめのものを多めに、大小さまざまなサイズを

❸ 包帯
伸縮性があると便利

❹ 医療用手袋
血液など体液からの感染を防ぐため

❺ 三角巾
負傷部位の固定などに使う。事前に使い方を練習しておこう

❻ 鎮痛剤
ケガをした際の痛み止めに。解熱剤としても使える

❼ テーピング
負傷部位の固定。靴ずれなどに幅広く対応できる。使い方は事前に練習が必要

❽ 絆創膏
傷口に合わせて大小サイズを選べると便利

❾ レスキュー呼吸用マスク
感染防止のため

❿ 総合感冒薬
風邪の諸症状に効くタイプのほか、鼻炎など、日ごろ出やすい症状に合わせて

⓫ 胃腸薬
環境の変化によって消化器系が過敏になる場合も

⓬ 真水と孔を開けたキャップ
スポーツドリンクなどのほかに1本用意。ペットボトルを押すと孔から水が出てシャワーのように使える。患部の汚れや血液を洗い流せる

⓭ 生理用ナプキン
生理時以外にも、止血用としても使える。女性は登山で周期が乱れる場合もあるので、予備があると安心。

☞ 薬は個人で用意するのが基本

上記のほか、持病などがあり医師に処方された薬が必要な人は、悪天候などで停滞することも考えられるので、予備も含めて忘れずに持っていくようにしましょう。山で思わぬ副作用が出ると対処が困難になります。薬は、他者にあげたり、もらったりせず個人で用意するのが基本です。

いざというときのために

エマージェンシーグッズ

緊急時に備えた装備は、ふだん使わないため軽視しがちですが、
いざというときにあるとないとでは大違い。使い方も確認しながら、準備しましょう。

▲▲▲ ▽ ▲▲▲ ▽ ▲▲▲ ▽ ▲▲▲ ▽ ▲▲▲ ▽ ▲▲▲ ▽ ▲▲▲ ▽ ▲▲▲

エマージェンシーグッズが必要なワケ

登山中のトラブルは、誰にでも起こりうることです。トラブルを想定し、エマージェンシーグッズを持参すれば、大事にならずにすませることができるかもしれません。エマージェンシーグッズを用意し、バックパックの取り出しやすい位置へ。使い方を想像したり、ときにはトラブルを想定して使い方を練習してみてください。

▽ ▽ ▽ ▽ ▽ ▽ ▽ ▽ ▽ ▽

● ヘッドランプ

日帰りであっても、ひとりがひとつ携帯すべき装備です。山は日が暮れるとあっという間に真っ暗になり、行動ができなくなります。薄暗いだけでも日中と同じ行動は難しく、歩行スピードが落ち、ケガもしやすくなります。

メーカーによって照射範囲や明るさなどに差がある。電池残量をチェックし、予備電池も用意。充電式のタイプは満充電しておく

● エマージェンシーシート

極薄のアルミ素材でできたシートで、防風・防寒性が高く軽量・コンパクト。毛布のように身体に巻き付けると、体温低下を緩和させ、低体温症を防ぐことができ、傷病者を保温するのにも使えます。断熱素材でできているため、防寒だけでなく、夏の高温も遮断でき、熱中症対応にも役立ちます。

手のひらに載るサイズ。悪天に見舞われたり、ケガや病気で身動きが取れなくなった際に有効

▶ ツェルト

一枚の布地でできた簡易テント。ツェルトをかぶるだけで外気の侵入を防ぎ、保温効果があります。その際は、隙間がないよう裾をバックパックや足で踏むなどして、完全に外気を遮断するように。

予定外に夜を越さなければならなくなったときや、霧が晴れるのを待つとき、ほかにも、傷病者を保温して搬送するとき、開けた地形でのトイレ時にも活用できます。登山の日数や行き先によって、ツェルトかエマージェンシーシートのいずれかを携行するようにしましょう。

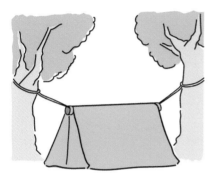

細引きの両端を樹木やポールなどに巻き付けて固定し、ツェルトを吊るように使用する方法。広い空間をつくれるので長時間使用するのに適している。コツがいるため、公園や庭などで練習しておこう

ツェルトをかぶる方法は、素早く使え撤収もすみやかにできる点がメリット。一時的避難であれば、これで充分。ツェルトの裾を内側に折り込み、バックパックを置いたり足で押さえたりし、外気が入らないようにして、保温する

右の黄色のひもが細引き。登山用具店でメートル単位で購入できる、強度のあるひも

▽ ▽ ▽ ▽ ▽ ▽ ▽ ▽ ▽ ▽

▶ 修理道具

ガムテープや細引き、針金など。テントなど装備の修理やレインウェアのジッパーが閉まらなくなったときなどに対応できます。ガムテープは適当な量を、台紙などに巻いて持参。テーピングテープで代用もできます。結束バンドは、壊れたものを固定する際に。はがれた登山靴のソールを固定するのにも適しています。

ソールがはがれた登山靴は結束バンドで複数箇所を固定すると安定する。ガムテープでは、すぐに切れてしまったり、ソールの凹凸を塞いでしまうので、滑りやすく危険

装備チェックリスト

登山に必要な装備について、わたしたちが日ごろ使っているものを紹介します。
「日帰り」を基本とし、山小屋泊や便利グッズをプラスしていってください。

▲▲▲ ▽ ▲▲▲ ▽ ▲▲▲ ▽ ▲▲▲ ▽ ▲▲▲ ▽ ▲▲▲ ▽ ▲▲▲ ▽ ▲▲▲

日帰り　　　　　　　　　　　　　　　　　　　　The One-Day Hike

☐ **登山靴**
サイズと用途が合ったものを。ソールのすり減りやはがれがないか確認

☐ **バックパック＋カバー**
容量にゆとりがあったほうが安心。自分の体に合っているものを

☐ **シャツ**
吸汗速乾性素材を。体温調節しやすくサイズが合っていて動きやすいものを

☐ **パンツ**
吸汗速乾性素材で季節に応じたものを。伸縮性があると動きやすい

☐ **防寒着**
フリース、綿入りジャケットなどからチョイス。緊急時に備え、ひとつ多めに

☐ **レインウェア**
防水透湿性素材でできていて、上下セパレートの登山用のもの

☐ **帽子**
季節に合わせて、日よけ用あるいは防寒用を用意

☐ **手袋**
防寒用に化学繊維素材かウールのものを。雨の日や日焼け防止としても

☐ **サングラス**
山の日差しは強く、岩などからの照り返しもある。スポーツ用が快適

☐ **水筒**
1L以上のものを。寒い時期は保温タイプのものもあるとよい

☐ **行動食**
糖質を中心に、食べやすいものを用意。包装は外してコンパクトにまとめる

☐ **非常食**
緊急時に備えて、調理せずに食べられる高カロリーのものを

☐ **コンパス**
登山用の方位磁石。使い方は、書籍や講習で学んでいこう

☐ **地図・ガイドブックコピー**
登山地図か国土地理院発行の地形図。ビニール袋などに入れて防水

☐ **ヘッドランプ＋予備電池**
日帰りでも必携。1セットの予備電池も用意する

☐ **エマージェンシーシートorツェルト**
緊急時用にどちらかを携行。体に巻き付けるだけで保温力が高まる

ファーストエイドキット
日帰りの場合は、外傷に備えて絆創膏や
包帯、滅菌ガーゼなどと鎮痛剤を

日焼け止め
こまめに塗り直す。唇も焼けやすいので、
UVタイプのリップも

トイレットペーパー
ペーパーの備えのないトイレもあるので、
芯は取り、ビニール袋などに入れて防水

生理用品
環境の変化でサイクルが変わることもあ
るので、常時携行すれば安心

現金
キャッシュレス決済が使えない場面も多
い。トイレ用に小銭の準備も

保険証
万が一、山から病院に直行した際に必要。
身分証明書にもなる

筆記用具
シャープペンシルと小さなメモ帳が便
利。ビニール袋などで防水して持参

登山計画書
登山計画書は事前に提出するぶんと自分
が持ち歩くぶん1部を用意

携帯電話・スマートフォン
消耗が激しいので予備バッテリーも必
携。ビニール袋などに入れて防水

腕時計
携帯やスマホではなく、腕時計は必携。
時間の管理は、登山のカナメ

山小屋1泊　日帰りにプラスして

Overnight Stay at a Mountain Hut

洗面道具
クレンジングシートや歯ブラシのほか、
試供品の化粧水など最低限にまとめる

ソックスの予備
ソックスが濡れると、冷えるだけでなく
靴ずれなどのトラブルに

ウェアの予備
アンダーウェアなど直接肌にふれるもの
は予備があると安心

常備薬
総合感冒薬や胃腸薬など自分の健康状態
に合わせて

こんなものもあると 便利＆楽しい！

Handy and Fun Tools

トレッキングポール
心配な場合は準備を。使用しないときは
バックパック脇に装着

ゲイター
靴に雨水や砂利などが入らないようにし
たり、パンツの裾の泥汚れを防いでくれる

コンロ＋バーナーなど
インスタントスープやラーメン、さらに
は山の上でクッキングの楽しみも

カメラ
防水に気を使って。スケッチブックや画
材を持っていくのも楽しい

双眼鏡
遠くの山を眺めたり、鳥を見つけたりと、
楽しみは多い

温泉セット
ミニマムサイズの化粧用具＋手ぬぐいが
あると、山行中も便利

山歩きの用語集

ガイドブックによく出てくる山用語。なんとなくわかるけど、くわしくは……。
知っていると理解が深まる、山歩きの用語をおさらいしましょう。

行

頭 あたま

尾根上や稜線上の小さなピークをさす。硫黄岳（八ヶ岳）赤岩ノ頭、燕岳（北アルプス）合戦ノ頭など。「かしら」ともいう。

アプローチ

林道歩きなど、登山口までの行程をさす。

鞍部 あんぶ

2つのピークの間のくぼんだ場所のこと。コル（仏語）やタルミ、タワ、タルなどとも呼ばれる。地形的に風の通り道となる。

浮き石 うきいし

地面が密着していない不安定な石。足を乗せるとグラグラし、転倒や落石などの原因になる。

エスケープ

直訳すれば「逃げる」。山の場合は、天候悪化や事故、体調不良などのために、本来のコースを離れて退避（下山）すること。どんな山でも、事前のエスケープルート設定が必要。

尾根 おね

谷と谷の間の山のいちばん盛り上がった山頂へと向かう部分。両側が切れ落ちた狭い尾根を「ヤセ尾根」、あまり高度を下げずに峰と峰をつなぐ「吊り尾根」などという。▶P22

行

カール

圏谷（けんこく）とも呼ばれ、氷河の浸食によって生まれた椀状や半円状の地形のこと。涸沢カール（穂高岳）、千畳敷カール（中央アルプス宝剣岳）、山崎カール（立山）などが知られる。

外輪山 がいりんざん

火山の噴火口を囲むように連なる山々のこと。箱根や阿蘇山、榛名山などが知られている。

カヤト

ススキ、チガヤなど茅系の植物がおおう場所のこと。冬枯れすると、展望がいい。

ガレ場

石がゴロゴロした斜面。足場が不安定で、浮き石による転倒や落石も多いので要注意。

クサリ場 くさりば

岩場にクサリが張られ、それを使って登下降する箇所をさす。

高山病 こうざんびょう

高所での酸素濃度の低下が原因で起こる症状。頭痛、めまい、吐き気などの症状があり、重症化すると危険。対処としては500〜1000mほど高度を下げるといい。

ご来光 ごらいこう

日の出の太陽。多くの登山者がその時間、山頂など眺めのよい場所に集まる。

行

ザレ場

細かい砂利や砂の斜面。「ザレた斜面」などとも使う。歩き方にコツが必要。▶P124

三角点 さんかくてん

地形図を製作する際の測量ベースとなる基準点。1〜4等まであり、基準点には柱石が置かれる。全国に10万点以上ある。

三点確保 さんてんかくほ

岩場など急峻な場所を登るとき、両手両足の4箇所のうち動かすのは1箇所だけで、あとは体を支えるために動かさない登り方のこと。三点支持ともいう。

縦走 じゅうそう

山頂から山頂へと稜線（主尾根）伝いに歩く登山形態。縦走登山は、山頂と山頂をつなぎながら歩くなかで、山容や景色の変化を味わうことができ、山旅のような登山スタイル。▶P32

森林限界 しんりんげんかい

高木が森をつくれる限界標高のこと。日本アルプスでは標高2500m付近にあたる。森林限界以上はハイマツなどかん木の世界で、お花畑も森林限界より上に多く存在する。

雪渓 せっけい

春や夏になっても雪が谷に残っている場所のこと。ちなみに日本三大雪渓は、白馬大雪渓、針ノ木雪渓、剱沢雪渓。

 行

地形図 ちけいず

国土地理院が発行する、地形を表わした地図。登山では、5万分の1縮尺より精緻な2万5000分の1縮尺のものを、おもに使う。▶P22

池塘 ちとう

湿原に点在する小さな池のこと。

ツエルト

簡易テントのこと。軽いうえに多用途で、日帰りでもグループにひとつは持つべき装備。▶P169

等高線 とうこうせん

地形図で、同じ高さの地点を結んだ線のこと。この間隔が狭ければ急傾斜、広ければ緩やかな傾斜であることがわかる。

登山地図 とざんちず

地形図をもとに、登山用に編集された地図のこと。地形図と異なり、コースタイムや山小屋、水場などの情報が記載される。▶P20

徒渉 としょう

橋を使わずに沢を歩いて渡ること。水流は想像以上に強いため、一般には膝下までの深さが限界。

トラバース

横断する、横切るの意。「雪渓をトラバースする」などと使う。

 行

ピーク

山頂や顕著な峰のこと。山頂だけが目的の登山をピークハントという。

ピストン登山

登り下りとも同じコースを往復する登山形態のこと。▶P32

ビバーク

事故や予定通りに下山できないときに、緊急避難をかねて、予定外に野営することをいう。

ファーストエイド

傷病者に最初に手当てをすることをいう。山では登山者同士が、止血や心肺蘇生などのファーストエイドを行うケースがある。▶P166

 行

巻き道 まきみち

山頂や通過するのが困難な箇所を避けて通るための道。「危険なので、山頂は巻こう」などとも使う。▶P160

 行

藪漕ぎ やぶこぎ

登山道のない藪の中を漕ぐように進むこと。

 行

稜線 りょうせん

山のピークとピークをつなぐ主尾根（山並み）などをさす。

ハイキング保険

登山中の傷病、万が一の際の救助費用をカバーするハイキング保険について紹介します。保険は登山装備のひとつと考えてください。

▲▲▲ ▼ ▲▲▲ ▼ ▲▲▲ ▼ ▲▲▲ ▼ ▲▲▲ ▼ ▲▲▲ ▼ ▲▲▲ ▼ ▲▲▲

▶ ギアの使用で異なる保険

ハイキング保険（山岳保険）とは、傷害保険（旅行傷害保険）のひとつ。登山中のケガや救助費用が補償されます。アイゼンやピッケルなどのギアを使わない登山と、使う登山に分かれることが多いです。上記ギアを使わずに槍ヶ岳に登る場合は前者に該当、軽アイゼンを使って雪のある丹沢に登る場合は後者になります。詳細は保険によって異なります。1回の登山ごとに加入するものと、1年単位など長期的に加入するものがあります。

▶ 救助費用をカバーしているか

傷害保険に加入している人は、登山・ハイキングにも適用されるか確認しましょう。ほとんどの傷害保険には山岳地域における救助費用（救助隊の人件費やヘリコプター代）には適用されません。これらは救助が長期化した場合、膨大な金額に。救助費用に特化した保険と、従来から加入している傷害保険を組み合わせることもできます。

◆ おもな山岳保険・相互扶助リスト

保険商品名	取扱会社／連絡先	保険内容	保険概要	価格
野外活動保険	モンベル／☎0120-936-007（株式会社ベルカディア）	死亡・後遺障害200万円、個人賠償責任1億円限度、救援者費用等補償500万円限度	「モンベルメイト」対象（シンプルプラン・就業中対象外）	年間3420円
山岳遭難対策制度（ココヘリ）	AUTHENTIC JAPAN／☎0120-131-126	年間550万円までの捜索・救助活動。個人賠償責任1億円と3万円のアウトドア用品補償	捜索・救助に特化した山岳遭難対策制度。発信機を使用した早期発見と24時間365日の捜索要請受付	入会金3300円＋年会費5500円
やまきふ共済会	やまきふ共済会／☎0120-223-955	500万円までの救援者費用保険を自動付帯	国内国外とも対象。登山計画書作成通知により補償範囲が拡大される	年会費4000円〜1万円

🏪 掲載商品問い合わせ先一覧

（※五十音順　掲載の商品は2023年3月末日現在の情報によるもので、
モデルチェンジ、また在庫がない場合もあります）

- イワタニ・プリムス　　　　　　　　　　☎03-3555-5605
- インパクトトレーディング　　　　　　　🖥https://www.superfeet-jp.com/
- エバニュー　　　　　　　　　　　　　　☎03-3649-3135
- カリマー インターナショナル　　　　　☎03-3221-6883
- キーン・ジャパン合同会社　　　　　　　☎03-6804-2715
- キャラバン　　　　　　　　　　　　　　☎03-3944-2331
- グレゴリー／サムソナイト・ジャパン　　☎0800-12-36910
- ゴールドウイン　カスタマーサービスセンター　☎0120-307-560
- コロンビアスポーツウェアジャパン　　　☎0120-193-803
- サーモス　お客様相談室　　　　　　　　☎0570-066966
- サロモン　コールセンター　　　　　　　☎03-6631-0837
- 新富士バーナー　　　　　　　　　　　　☎0533-75-5000
- スター商事　　　　　　　　　　　　　　☎03-3805-2651
- タカダ貿易　　　　　　　　　　　　　　☎075-432-4040
- ティムコ　　　　　　　　　　　　　　　☎03-5600-0121
- 日本用品　　　　　　　　　　　　　　　☎03-3841-6965
- ニューハレックス　　　　　　　　　　　🖥https://www.new-hale.com/
- ハイマウント　　　　　　　　　　　　　🖥https://highmount.jp/
- パタゴニア日本支社 カスタマーサービス　☎0800-8887-447
- フルマークス　　　　　　　　　　　　　🖥https://www.full-marks.com/
- 丸紅フットウェア　　　　　　　　　　　☎03-3665-1789
- ミレー・マウンテン・グループ・ジャパン　☎050-3198-9161
- モチヅキ　　　　　　　　　　　　　　　☎0256-32-0860
- モンベル・カスタマー・サービス　　　　☎06-6536-5740　☎0088-22-0031
- ロストアロー　ユーザーサポート　　　　🖥https://www.lostarrow.co.jp/store/

柏 澄子（かしわ・すみこ）

登山全般をテーマにしたフリーランスライター。高校と大学の山岳部で登山を覚え、以来オールラウンドに山を楽しみ続けてきた。（公社）日本山岳ガイド協会認定登山ガイドⅡ。著書に『山歩き基本ハンドブック』『アウトドア救急ハンドブック』（以上JTBパブリッシング）、近著に『彼女たちの山　平成の時代、女性はどう山を登ったか』、共著に『日本人とエベレスト―植村直己から栗城史多まで』（以上山と溪谷社）がある。本書ではおもに「山歩きのキホン」「山ウェア」「山道具」「歩き方」「山のマナー＆いざに備える」の章を執筆。

大武美緒子（おおたけ・みおこ）

大学時代に登山をはじめる。山と溪谷社で登山の専門誌・ガイドブック編集、産業編集センターで企業の広報誌、社内報制作などに携わったのち、フリーランス編集者・ライターに。現在は低山歩きを中心に楽しんでいる。「子どもと身近な自然をつなげる」をテーマにしたリトルプレス『Letters』編集・発行人。著書に『不思議な山名　個性の山名　山の名前っておもしろい』（実業之日本社）がある。本書ではおもに「山歩きのプランニング」「山ごはんと行動食」「山小屋に泊まる」の章を執筆。

  はじめての山歩き

2023年 5月15日　初版印刷
2023年 6月 1日　初版発行

編集内容や、商品の乱丁・落丁のお問合せはこちら

http://jtbpublishing.co.jp/contact/service/

JTBパブリッシング お問合せ

※本書掲載のデータは2023年3月現在のものです。また、2015年5月刊行のPOCAPOCA『はじめよう！山歩きレッスンブック』を再編集のうえ刊行しています。

※本書の地図の作成にあたっては、国土地理院の国土基本情報を使用しました。※発行後に、交通機関、とくにバスの運行状況は変更になる場合があります。また、曜日や季節により運行状況が変わることがあります。※価格については、とくに表記のない場合、税込です。発行後に、各種価格が変更となることがありますので、ご了承ください。※登山道の状況や山小屋など施設の営業などは、気象状況等の影響で大きく変動することがあります。安全のためにも、お出かけの前には必ず電話やウェブ等で事前に確認・予約することをおすすめいたします。※自然のなかでは無理をせず、自己責任において行動されるよう、お願いいたします。なお、事故や遭難、本書に記載された内容による損害等は、弊社では補償いたしかねますので、あらかじめご了承ください。

※本書の編集にあたり、多大なご協力をいただきました関係各位に、厚く御礼申し上げます。

編集人	志田典子
発行人	盛崎宏行
発行所	JTBパブリッシング
	〒135-8165
	東京都江東区豊洲5-6-36
	豊洲プライムスクエア11階
編集・制作	ライフスタイルメディア編集部
	茂木琴乃
編集・執筆	柏澄子　　大武美緒子
編集協力	西村海香
執筆協力	石丸哲也（P112）
カバー・大扉デザイン	浅野有子
	（トッパングラフィックコミュニケーションズ）
本文デザイン	BEAM
	（中村理恵　滝澤明子　内田小百合）
カバーイラスト	常盤ミイ
イラスト	栗原慶太（mokume）
写真	柏原真己　高倉千鶴　高橋郁子
	中村英史　星野秀樹　矢部ひとみ
	渡辺卓雄　渡邉由香　PIXTA
	photolibrary
写真協力	『ランドネ』編集部　大石明弘
スタイリング	あすか（P48〜53、P58〜69、P73）
撮影協力	さかいやスポーツ
	ヘルシーカフェのら
	尊仏山荘
	メーカー各社（P175参照）
地図制作	千秋社
組版・印刷	凸版印刷